新媒体营销系列

新媒体平台运营与管理

IMS（天下秀）新媒体商业集团　编著

清华大学出版社
北京

内容简介

随着5G时代的到来，短视频已经成为宣传观点、推广品牌、销售产品的必备工具。如今，在家里、办公室里、交通工具上，刷短视频的人无处不在。或许对于普通用户来说，看到的只是短视频的火爆，是短视频的好玩，是无聊时的一种解闷手段，是达人向粉丝展现自我的一种方式。但是对于许多从事商业活动的人来说，应该看到的是它的商业价值，看到一次前所未有的机遇。

本书从众多的短视频运营经验中，提炼出实用的、有价值的技巧，帮助读者了解短视频运营，掌握运营和营销技巧，塑造和提升品牌形象。全书共分为7章，包括理解新媒体平台、账号的创建与设置、内容策划与运营、用户的运营与管理、活动的设计与执行、渠道推广和运营数据分析等内容。另外，本书还赠送授课大纲和PPT课件。

本书内容分类清晰，语言简洁通俗，图文并茂，适合短视频行业领域的从业人员、想通过短视频进行营销的企业和商家、通过短视频实现快速引流的新媒体人和专注短视频风口的创业人士阅读。针对那些对短视频运营和营销感兴趣的读者，本书也可满足其阅读需求。

图书在版编目（CIP）数据

新媒体平台运营与管理 / IMS（天下秀）新媒体商业集团编著. —北京：清华大学出版社，2022.5

（新媒体营销系列）

ISBN 978-7-302-60559-1

I.①新… II.①I… III.①传播媒介—运营管理 IV.①G206.2

中国版本图书馆CIP数据核字（2022）第064186号

责任编辑： 张　敏
封面设计： 郭二鹏
责任校对： 徐俊伟
责任印制： 曹婉颖

出版发行： 清华大学出版社
　　　　　　网　　　　址：http://www.tup.com.cn，http://www.wqbook.com
　　　　　　地　　　　址：北京清华大学学研大厦A座　　　邮　　编：100084
　　　　　　社　总　机：010-83470000　　　　　　　　　邮　　购：010-62786544
　　　　　　投稿与读者服务：010-62776969，c-service@tup.tsinghua.edu.cn
　　　　　　质　量　反　馈：010-62772015，zhiliang@tup.tsinghua.edu.cn
印 装 者： 三河市东方印刷有限公司
经　　销： 全国新华书店
开　　本： 170mm×240mm　　　　**印　张：** 14.75　　　**字　数：** 316千字
版　　次： 2022年7月第1版　　　　**印　次：** 2022年7月第1次印刷
定　　价： 69.80元

产品编号：096073-01

编委会名单

编 著 者： IMS（天下秀）新媒体商业集团

编委会成员（排名不分先后）：

王 薇	王冀川	卢 宁	李 檬	李 剑	李文亮
李云涛	李 杨	孙 宁	孙杰光	孙 琳	刘 鹤
张歌东	张宇彤	张建伟	张 烨	张笑迎	张志斌
陈 曦	陆春阳	徐子卿	韩 帆	郭 擂	段志燕
杨 丹	杨 羽	吴奕辰	袁 歆	唐 洁	雷 方
蔡林汐	韩世醒	秦 耘	樊仁杰		

前言
PREFACE

随着移动互联网的高速发展，短视频行业也迅猛发展，成为人们信息关注、分享和传播的领地。在这样的时代环境下，新媒体人、商家和企业等也关注到了短视频的巨大潜力，无论是碎片化信息的有效传达，还是与用户之间的深度互动，短视频都有着巨大的优势。

既然短视频对于新媒体人、商家和企业等来说如此重要，那么，针对这种有效的引流和营销工具，运营者到底应该如何做呢？本书主要是从众多的短视频运营经验中，提炼出实用的、有价值的技巧，帮助大家了解如何进行短视频运营，以便早日熟练掌握运营和营销技巧，塑造和提升品牌形象，获取丰厚的利润。

本书从实用的角度出发，全面、系统地讲解了短视频运营与管理的理论知识和实践操作方法，将理论与实践相结合，使读者更加直观地理解所学的知识，让学习更轻松。

本书立足于高校教学，与市场上的同类图书相比，在内容的安排与写作上具有以下特点。

（1）结构鲜明，实用性强。

本书立足于短视频运营的实际操作，从账号创建、内容策划、用户管理、活动执行、渠道推广和数据分析等多个方面，全面系统地讲解了短视频运营与管理的全过程，结构非常清晰。即便是对短视频运营毫无经验的运营者，也能够通过本书掌握短视频运营的各项工作。

（2）案例丰富，实操性强。

对于大多数读者来说，看一本书就是来学习的，很多理论知识可能谁都知道，但是究竟要怎么做却不甚明了。因此，笔者在写本书时特别注重内容的实操性，对于一些重点内容，都进行了分步讲解，并结合案例分析，帮助读者更好地理解理论知识，让读者一看就懂，一学就会。

（3）图解教学，资源丰富。

本书采用图文相结合的方式进行讲解，以图析文，使读者在理解理论知识的过程中更加直观。同时，本书还赠送授课大纲和 PPT 课件，以便读者学习和教师授课，读者可根据个人需求扫描下方二维码下载使用。

授课大纲

PPT 课件

编者

目录
CONTENTS

第1章　理解新媒体平台

提到新媒体，相信大家都不陌生。然而，什么是新媒体，以及运营新媒体的基本思路和运营流程及策略有哪些，相信许多人都是一知半解。就让我们从新媒体的概念入手，一起来揭开新媒体的神秘面纱，开启对新媒体的探索之旅。本章将介绍有关新媒体的相关基础知识，并对短视频平台的运营和常用平台进行介绍。

1.1　新媒体简介

移动互联网的迅速发展催生出一种新的媒体形态，即新媒体。如今，新媒体的存在不仅是对传统媒体的一种冲击，也为其他行业的发展提供了新的营销思路。那么，究竟什么是新媒体呢？

在这里，我们主要讲述的是新媒体和新媒体平台的基础知识，帮助大家进一步认识和了解新媒体。

1.1.1　什么是新媒体

当前，对新媒体的定义主要包括两个方面的内容。

在狭义上，新媒体是相对于电视、广播以及报纸等传统媒体来说的一种新的媒体形态，最近几年得到了迅猛的发展，一般包括数字电视网络媒体、手机媒体等。

在广义上，新媒体的范围包括在各种数字技术和网络技术支持下，利用数字电视机、计算机、手机等设备，分享和获得信息和服务的传播形态，最显著特征就是媒体形态的数字化。

与传统媒体相比，新媒体的侧重点在于为用户提供更加个性化的服务，同时受众和传播者也可以在新媒体平台传播信息和互相交流。短视频、微信、微博等都是比较常见的新媒体的具体表现形态。

新媒体运营，是通过现代化移动互联网手段，利用抖音、快手、微信、微博、贴吧等新兴媒体平台工具进行产品宣传、推广、产品营销的一系列运营手段。通过策划与品牌相关的优质且具有高度传播性的内容或线上活动，向客户进行广泛或者精准推送，提高参与度，提高知名度，从而充分利用粉丝经济，达到相应的营销目的。

1.1.2　新媒体的特点

新媒体主要是以短视频、直播、微信、微博等形式呈现在用户面前的，目前，从新媒体的表现形式看，新媒体的特点主要包括以下五个方面。

1. 传播行为个性化

以短视频用户为例，每个用户都可以成为信息内容的发布者和传播者，同时也是信息的接收者。无论何时何地，用户都能自由地发表自己的观点或者分享信息，从这一点就能看出，新媒体的传播行为具有明显的个性化特征。

2. 传播速度实时化

随着互联网技术的不断发展，信息传播的速度也得到了很大提高，使新媒体的信息传播速度比传统媒体更加迅速，用户基本上都能实现实时接收信息，也能及时进行反馈。

3. 传播方式双向化

每个新媒体的用户都能接收信息和传播信息，因此它的传播方式是双向传播，改变了传统媒体"传播者单向发布，观众被动接收"的局面。这种双向传播更有利于信息与资源的共享，同时也在很大程度上增强了传播的效果。

4. 接收方式移动化

新媒体的发展是以移动互联网的发展为基础的，用户在使用相应的新媒体时具有明显的移动化特征，打破了固定时间和固定场所的限制。

5. 传播内容多元化

新媒体在传播内容方面呈现出多元化特征。用户在传播内容时，可以采用视频、图片、文字等多种方式。这种内容传播的多元化在增加传播内容信息量的同时，也扩展了传播内容的广度和深度。

新媒体的出现，大大提升了媒体的传播效率，其独特的网络介质也使得信息的传播者与接收者的关系趋于平等，受众也不再轻易受媒体的左右。用户可以通过新媒体发出更多真实的声音，越来越多的人开始通过新媒体展现自己的个性，这在增加互联网信息传播量的同时，也进一步促进了网络上的信息共享。

1.1.3　新媒体的发展

随着移动互联网用户的不断增加，移动新媒体也进入了新的发展时期，走向了发展的新巅峰，开启了"智能移动终端+App"的新模式。腾讯、网易、搜狐等各大移动新闻客户端进入了全面的深度整合时期，以打通微信、微博以及视频平台的方式，打造全媒体的发展战略，进一步满足了受众的个性化需求。图1-1所示为国内新媒体用户对新媒体的认知分布。

目前，随着新媒体的不断发展，开始有人提出"媒体未来的趋势会怎样"这一问题。新媒体和传统媒体将怎样和谐相处呢？新媒体发展得这么好，传统媒体还有市场吗？下面从几方面来分析讲解新媒体未来的发展趋势。

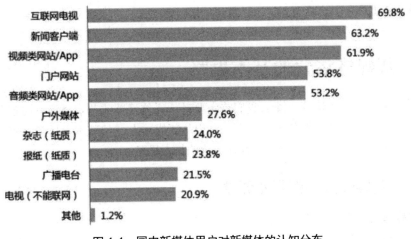

图 1-1　国内新媒体用户对新媒体的认知分布

1. 发展渠道

新媒体发展的话题一直是媒体行业讨论的热点，很大一部分人说新媒体会取代传统媒体成为未来移动媒体的领头羊。在如今的电商平台中就能明显地看出新媒体的发展趋势，移动电商平台不仅让人们打破了对网购的成见，还极大地影响着现代年轻人的生活方式。因此，新媒体可以借助新时代移动电商这一发展渠道打开未来的营销市场。

2. 关系的价值

传统媒体的信息媒介是电视、报纸、海报等，而新媒体的信息媒介是短视频、直播、微信、微博等一些新媒体平台。尤其是短视频、微信朋友圈这种能通过朋友、同事、家人之间的营销平台，充分表明了"关系"在移动互联网中的营销价值。

3. 专一细致

细分群众的兴趣爱好是新媒体的一大优势及亮点。新媒体不再像传统媒体一样只顾推广和传播，追求广泛的范围和全面的人群，而是缩小领域，专一地做自己领域的营销，让受众更加持久，在同领域中创造价值。

4. 时代变化

俗话说："长江后浪推前浪，一浪更比一浪强"，时代和人群的变化是使新媒体快速发展的主要原因。例如，现在 80% 的人都是通过移动设备看视频、看直播、看影视剧的，电视媒体需要借助新媒体发展的趋势，创新传统的创作与传播方式，获得新时代主流人群的青睐。

5. 信息精选

在信息庞大、繁杂的时代，个性化的媒体是有生存优势的。例如，今日头条的新闻推送，能根据用户关注的订阅和兴趣推送该用户感兴趣的新闻、话题、信息，以达到用户长期使用的效果。这就说明能够提供判断、分析功能的新媒体是有很大市场的，只有保证了用户的持久使用，营销才会不断延续。

课堂讨论：简单说说你所理解的新媒体是什么，以及新媒体的特点。

1.2 新媒体运营的基本思路

如果想做新媒体运营，那么我们首先要对新媒体运营的基本思路有比较深入的了解，这样才能做到有的放矢。下面，我们从新媒体人员的基本素质和新媒体运营的常用思维这两个方面，来介绍新媒体运营的基本思路。

1.2.1 新媒体人员的基本素质

新媒体人员应该具备的基本素质有哪些呢？

1. 了解新媒体

新媒体的从业人员首先要对新媒体这个行业有一定的了解，最基本的是新媒体的含义、特点等。除此之外，还应该对新媒体的具体岗位有相关的认知。新媒体的岗位有哪些，又有什么具体要求呢？

新媒体的相关岗位主要包括新媒体运营、策划、编辑、营销等。除了需要了解新媒体行业的相关岗位之外，还需要对每个岗位的具体要求有所了解，这样才能更好地开展工作。图 1-2 所示为新媒体运营岗位的具体要求。

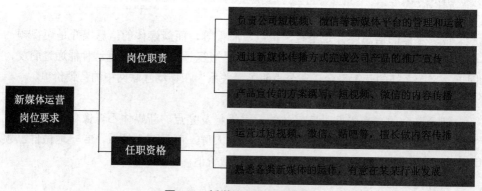

图 1-2 新媒体运营岗位要求

2. 具备"网感"和灵感

什么是"网感"呢？简单地说，"网感"是对网络的一种感觉。事实上，这种感觉就是新媒体从业人员对网络上的信息的敏感度，这种敏感度能够给新媒体从业人员带来很多灵感，使其能够及时把控网民的关注方向、网络上的热点以及网络的发展趋势。

3. 写作和策划能力

写作和策划能力是新媒体从业人员必不可少的一种能力。

写作能力并非一朝一夕就能提高。因此，新媒体从业者一定要多写多练，同时学习一些优质文章的写法，这样才能不断提高自己的写作能力，写出更利于企业营销的、有价值的文章。

除了写作能力外，从业者也应该提高策划能力。一份好的策划方案是企业顺利进行营销推广的前提。因此，新媒体从业者在策划时应该从活动目的、背景以及具体要求等方面进行综合考虑，不断通过实践积累经验。

4.具备良好的心态

具备良好的心态是新媒体从业人员的基本素质。俗话说"心态决定成败"，一个人的心态往往会影响工作和生活，如果心态不好，就很容易出错。而新媒体从业人员只有在工作中抵制住诱惑，扛住压力，才能做好自己的工作。

1.2.2　新媒体运营的常用思维

移动互联网发展到现在这个阶段，用户的注意力是最稀缺的资源，想要做好新媒体的运营和营销，就必须创造出有价值的内容才能吸引用户。而在利用新媒体的过程中，最重要的就是新媒体思维的运用。

新媒体思维一般包括平台思维、粉丝思维、病毒式传播思维以及营销思维，接下来分别进行介绍。

1.平台思维

什么是平台思维呢？它是一种打造精品内容的思维，也就是通过优质的、有价值的内容来吸引和挽留用户。对于新媒体平台来说，平台思维非常重要。

想要打造一个好的平台，除了应该创造出好的内容之外，还应该在视频、图片、文字、排版等细节上多下功夫，尽可能地打磨，制作出精彩的视频、有价值的文字以及舒服的版面，吸引用户的注意力。

除此之外，平台思维还包括平台内的资源运作。什么是资源运作呢？它指的是一个平台的粉丝达到一定的数量之后，这些粉丝就变成了平台的一种资源，与平台成为利益共同体。在这种情况下，如果能够进行合适的资源运作，不仅能够留住平台的粉丝，还能实现平台与粉丝的利益最大化。

2.粉丝思维

粉丝思维的重点在于新媒体平台与粉丝之间的互动。

随着互联网的发展，传统的单向信息流动方式已经被改变，网络言论自由性和实时性的特点让企业能够看到用户的真实想法。因为每个人都是互动的主体，都可以发表自己的意见，这些观点的交流融合能够为新媒体运营带来更多的思路。

3.病毒式传播思维

病毒式传播是受众自发产生的一种发散式、激荡式的传播方式。新媒体从业者的病毒式传播思维指的是一种"病毒式"的营销思维，传播速度快，传播范围广。这种思维能够帮助运营人员在短时间内迅速提高内容的传播量，从而扩大辐射面和企业的影响力。

4.营销思维

在移动互联网时代，大众通常更喜欢消费具备娱乐性质的内容，因此新媒体的营销思维主要表现在输出内容的娱乐性上。

在做新媒体运营时，应该抓住用户的需求，打造出一套创新的娱乐化的新媒体营销策略，利用各种娱乐化的因素吸引消费者的目光，更好地实现信息传播，以此来达到营销的目的。

娱乐化的新媒体营销策略主要包括两个方面内容。

（1）富有娱乐精神。新媒体从业者在营销过程中应该发挥娱乐精神，用创意制造出轻松愉快的环境，策划具有娱乐精神的营销活动，这样才能吸引更多的用户参与活动，从而增强营销的效果。

（2）制造有趣的事件。值得注意的是，新媒体从业者在策划营销活动时，不要采用严肃、乏味的说教方式，这样的内容营销无法吸引用户，而是要制造有趣的事件，以趣味性带动用户的参与积极性，让全民狂欢，才能获得更大范围的传播。

总而言之，我们在从事新媒体相关工作之前，除了要了解新媒体从业人员应该具备的基本素质之外，还应该了解新媒体运营的常用思维，这样才能更好地做好新媒体运营和营销的相关工作，创造出更大价值。

1.2.3 新媒体与自媒体的区别

自媒体可以说是一种个人媒体，是一种利用电子媒介向他人或特定的某个人传递信息的新媒体。自媒体一般都具有私人化、平民化的特点，因此，人人都可以成为自媒体人。

简单来说，自媒体就是人们用来发布自己所见所闻的主要渠道，包括短视频、微博、微信、贴吧等。企业或商家也可以利用这些渠道进行宣传推广，从而进行自媒体营销。

目前，随着自媒体的不断发展，主要呈现出 3 个发展趋势，如图 1-3 所示。

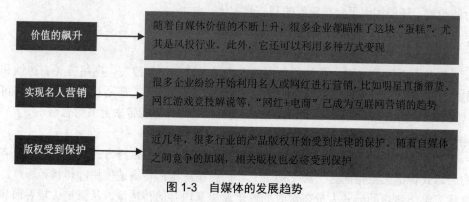

图 1-3　自媒体的发展趋势

新媒体和自媒体的区别主要表现在以下两个方面。

1.被动与主动

在移动互联网的推动下，自媒体实现了飞跃发展，成为了主要的新媒体发展形式。一般来说，对用户而言，新媒体的大部分传播信息还处在被动接受的位置，但是，自媒体却可以化被动为主动，实现对信息的个性化传播。

2.自主选择

相比新媒体来说，自媒体拥有更多的话语权和自主选择权，它不仅可以对社交平台进行个性化的构建，还可以在传播信息的同时张扬个性。正是因为自媒体的这种自由性，逐渐成为人们表现自我的平台。

1.3　企业新媒体的运营流程和策略

俗话说，"磨刀不误砍柴工"，在进行新媒体运营工作之前，应该了解一下新媒体的运营流程和策略，做好相关的准备工作，才能在后期达到理想的效果。

1.3.1　企业新媒体营销团队的构成

在了解新媒体的运营流程及策略之前，应该对新媒体营销团队的构成有一个比较清晰的认识。通常来说，企业在拓展新媒体业务之初，会成立相应的新媒体部门。虽然是以部门的形式呈现的，但是，更确切地说它应该是一个团队。虽然整个部门由为数不多的几个人组成，但是每个人的分工都特别明确。图1-4所示为新媒体营销团队的构成。

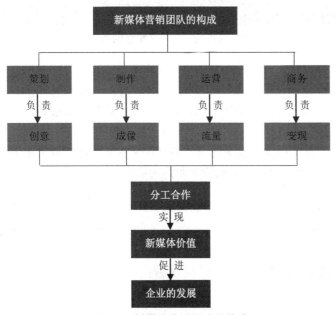

图 1-4　新媒体营销团队的构成

1.3.2　企业新媒体线上与线下的配合流程

新媒体的运营通常是由线上和线下配合来完成的。一般来说，线上运营的工作内容主要是制作内容、互动吸粉、营销推广等，而线下工作主要是海报宣传、商业合作、线下推广活动等内容。很多企业都会利用新媒体平台来对产品或服务进行O2O（Online to Offline，线上线下一体化）式的营销。

案例　**海底捞通过短视频进行营销**

海底捞结合时下最热的短视频，直接进行产品和服务营销，通过短视频的方式向用户介绍海底捞的各种产品、活动、服务，以及一些创意吃法，让顾客在家也能学会多种吃法，享受多种美味。

图1-5所示为"海底捞火锅"的抖音账号和相关短视频。

图 1-5　海底捞在短视频平台的营销推广

就新媒体的配合流程来看，它主要体现出的特点是线上线下配合的密切性。但是，线上线下工作的优先级并不是固定的，而是根据具体的情况来安排。线上的推广需要线下的一些地推才能实现。但是，有时候，在线下的营销推广之前，也需要利用新媒体平台预先发布信息，提前告知用户相关情况。

由于互联网具有快速传播的特点，推广活动在举办之前需要先进行线上预热，有助于在短时间内扩大线下活动的宣传推广范围。

📌 **小贴士**：值得注意的是，对线上运营者来说，吸粉、互动很重要。然而，就线下推广而言，拥有一支较强的地推队伍，加强商业合作才是重中之重。

1.3.3　企业新媒体的整合运营策略

对于一个企业来说，新媒体运营主要包括内容运营、用户运营以及活动运营这3个方面。下面从这3个方面对企业新媒体的运营策略进行介绍。

1. 内容运营

对企业来说，内容不仅是新媒体平台呈现给用户的信息，也是一种营销手段。因此，对内容运营来说，软文的撰写以及内容的编辑制作都是值得思考的。下面以微信公众平台为例，对新媒体内容运营的技巧进行简单介绍。

（1）企业在进行某个活动或某种推广之前，可以在新媒体平台上对其具体内容进行预告。

（2）对于那些原创内容，可以在文章的开始或结束时添加一个版权声明，并注明诸如"未经同意不得非法转载"的字样。在进行版权声明之后，别人转载你的文章也会注明出处，这无疑为你的公众号增加了一个吸粉的入口。

（3）为避免出错，微信运营者在编辑完具体的内容之后，在群发之前一定要先进行预览，这也是一种规避风险的做法。

（4）使用自定义菜单，进行自定义回复。在提高工作效率的同时，也可以在一定程度上保持与用户的互动，以达到稳定粉丝的目的。

（5）多进行好文推荐及软文推广。此外，还可以设置"每天一问"，加强与粉丝的互动，进而进一步了解粉丝的需求。

2. 用户运营

用户运营的关键是要了解用户需要什么或缺少什么。只有对用户进行深入了解，才能实现精准营销。事实上，用户运营主要体现在运营者与用户之间的互动上。因此，在新媒体平台上，运营者应该尽可能地参与互动，比如回复用户比较精彩的评论，或者点赞、转发用户发表的一些内容等，增加用户的黏性。

3. 活动运营

企业在进行新媒体运营时，运营效果最好的是对活动的运营。在新媒体平台上开展活动，是增加新用户、扩大知名度以及增强用户黏性的重要方法。在新媒体平台上做活动，主要需要考虑以下 4 个因素，如图 1-6 所示。

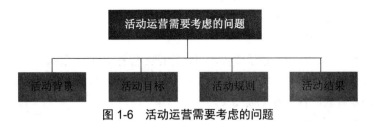

图 1-6　活动运营需要考虑的问题

常见的新媒体线上活动主要包括红包、签到、抽奖、游戏、有偿投稿、有奖转发等。

小贴士： 需要注意的是，无论运营者采用何种方法开展运营，都应该持续地跟进每个过程并且做好反馈，这样才能让运营的效果最大化。

课堂讨论： 企业新媒体营销团队都包含哪些成员，企业新媒体运营的基本策略是什么？

1.4 了解新媒体平台的模式

新媒体运营，从某种意义上来说就是新媒体平台运营，各企业可以根据自身的产品特色和用户画像来选择不同的营销推广平台，利用不同平台的特点和内容流量倾斜来达到企业产品的推广效果。

那么不同平台的规则、运作方式及特点又有哪些呢？深入了解这些，你也可以成为资深新媒体运营人员。

1.4.1 社交平台

社交平台作为目前最重要的日常交流工具之一，已经融入了人们的生活，所以做新媒体营销推广社交平台是绝对不能错过的。

1. 微信平台

微信平台包括微信公众号、个人号、微信群，还有微信广告资源等，其特点是用户群体巨大。具体运作方式包括以下几个方面。

1）微信公众号

（1）服务用户：在公众号上完成注册、登录、在线客服等操作流程。

（2）拉新用户：生产优质内容或推出线上活动来吸引新用户。

（3）用户黏性：开展用户运营活动，强化用户互动，例如每日微信打卡获得积分。

（4）转化用户：通过各种方式让公众号粉丝转化为平台用户。

（5）披露信息：潜在受众多，能够有效公开信息。

2）个人号

服务用户：添加用户为好友，互动形式更多样。

3）微信群

（1）社群运营：推广品牌和活动。

（2）强化沟通：更好地了解用户，满足用户需求。

4）微信广告资源

（1）朋友圈广告：微信系统广告，可以根据人群特征进行匹配。

（2）公众号硬广告：简单直接。

（3）公众号软广告：容易被接受。

（4）广点通广告：公众号底部广告，传播广。

（5）公众号视频：效果好，但合作周期短，价格高。

2. 微博平台

包括企业官方微博、微博广告资源等。其特点是虽然微博的活跃度有些下降，但是微博活跃用户能连续多个季度保持 30% 以上的增长。具体运作方式包括以下几个方面。

1）企业官方微博

（1）品牌推广：微博往往是品牌话题营销和事件营销的绝佳载体。

（2）用户黏性：品牌与用户的互动。

（3）披露信息：企业官方微博发表声明。

2）微博广告资源

（1）粉丝通广告：微博系统广告，可以根据人群特征进行匹配。

（2）大 V 广告：微博大 V 的流量资源和背书效果能够有效进行推广。

3. 问答平台

包括知乎、悟空问答、百度问答、搜狗问答、360 问答等。其特点是营销能力十足。其运作方式包括以下两个方面。

（1）问答推广：通过问答推广吸引的用户，精准度比较高。

（2）经验交流：通过网友之间的经验交流来推广，容易形成用户口碑。

1.4.2　自媒体平台

自媒体作为近几年异军突起的运营平台，凭借自身的巨大流量，已经吸引了很多企业和自媒体人争相入驻。

1. 自媒体平台

包括今日头条的头条号、腾讯的企鹅号、搜狐的搜狐号、一点资讯的一点号、百度的百家号、网易的网易号、UC 的大鱼号等。

它们的特点是曝光率高（有些自媒体平台依托于新闻客户端、有些是搜索引擎的信息源）、用户忠诚度高。

它们的运作方式是推荐展示。有些自媒体平台会对优质内容进行推荐展示，能够提高流量，培养忠实粉丝。

2. 论坛平台

包括百度贴吧、豆瓣等。

它们的特点是百度贴吧有高流量，豆瓣有高质量内容。

它们的运作方式包括以下三方面。

（1）取关键词：论坛平台的内容会被搜索引擎根据关键词收录，如果被收录则能够提高流量。

（2）社群运营：贴吧的社群容纳感较强，用户之间的交互能够找到社群归属感，成为忠实用户。

（3）发帖推广：难度大但是收效可能会很好。

1.4.3　视频平台

娱乐化和多媒体化是营销推广的新势头，随着受众年龄层的年轻化，视频平台已经成为了企业做营销推广的必争渠道之一。

1. 短视频平台

包括抖音、快手、秒拍、美拍等。其特点是视频短小精悍，受众多、易传播。运作方式包括以下几个方面。

（1）贴片广告：在短视频前后加上贴片广告。

（2）内容推广：精心设计短视频作为广告。

（3）答疑解惑：站在用户的角度，制作短视频来答疑解惑。

（4）视觉展示：用短视频展示内容，更直观。

（5）举办活动：基于短视频平台开展短视频创作大赛等，例如 10 秒短视频说明该品牌的行业表现。

2. 长视频平台

包括 A 站、B 站、优酷、爱奇艺、腾讯视频、西瓜视频等。其特点是固定且特定的用户群体，具有一定的平台特征。运作方式包括以下两方面。

（1）花絮混剪：拍摄团建、员工采访视频来展示品牌文化。

（2）别样广告：根据平台的特征设计广告内容，展示品牌的活力。例如 B 站视频大多为鬼畜，以此风格介绍品牌更加个性。

3. 音频平台

包括企鹅 FM、喜马拉雅 FM、荔枝 FM 等。其特点是伴随式，多场景适用。运作方式包括以下三个方面。

（1）植入广告：选取目标受众集中的音频节目进行广告植入。

（2）自建平台：联合热门音频平台出品自己的音频自媒体。

（3）自建节目：联合热门音频平台出品自己的音频节目。

1.4.4　直播平台

网络直播平台的本质是用户生产内容（UGC），通过主播直播娱乐、商业内容，辅之弹幕系统沟通，实现和观众实时双向交流，是一种新载体上的新模式。网络直播平台的出现，更加增加了互动性。

包括抖音、快手、淘宝、映客、花椒等。其特点是直观性、即时互动性、代入感强。运作方式包括以下几个方面。

（1）公开信息：超越地域的限制。

（2）品牌宣传：产品发布会直播、成交额破亿庆功会直播等。

（3）名人代言：从直播平台中吸引新用户关注。

（4）专家介绍：为用户提供更精准细致的服务，用户更容易接受和被说服，会产生更高的用户黏性和品牌忠诚度。

（5）客服沟通：提高用户活跃度，即时答疑解惑。

（6）活动直播：借势节日或热点，发起线下活动和线上直播，让用户和品牌一起玩。

课堂讨论： 简单说说不同类型的新媒体平台的特点，以及自己所熟悉或经常使用的新媒体平台。

1.5　关于短视频运营

抖音的火爆重新定义了移动社交市场，抖音开始成为越来越多的企业的营销阵地，短视频运营的重要性也越来越被企业重视。如何做好短视频运营成了大家关心的事情，那么到底什么是短视频运营呢？短视频运营是做什么的？本节将介绍有关短视频运营的相关知识。

1.5.1　什么是短视频运营

在介绍短视频运营之前先介绍一下什么是短视频。

短视频，顾名思义，就是录制时间比较短的视频。视频是一种影音结合体，是能够给人带来更为直观的感受的一种表达方式。通常来说，短视频需要具备以下几个特点，如图 1-7 所示。

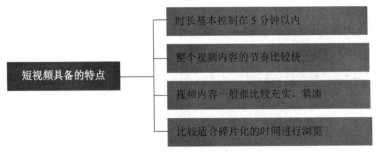

时长基本控制在 5 分钟以内

整个视频内容的节奏比较快

短视频具备的特点

视频内容一般都比较充实、紧凑

比较适合碎片化的时间进行浏览

图 1-7　短视频需要具备的特点

🖈 **小贴士：** 随着移动互联网的不断发展，以及视频形式的不断细分，短视频凭借自身强大的优势逐渐成为受人们欢迎的娱乐和消遣方式之一。因此，出现了许多专门制作和分享短视频的平台。

短视频运营作为新兴职业，属于新媒体运营或者互联网运营体系下的分支，即利用抖音、快手、微视、火山等短视频平台进行产品宣传、推广、企业营销的一系列活动。通过策划与品牌相关的优质且具有高度传播性的视频内容，向客户广泛或者精准推送消息，提高知名度，从而充分利用粉丝经济，达到相应营销目的。

图 1-8 所示为短视频运营的定义要点。

随着移动互联网的不断发展，短视频营销已经开始显示出它的强大魅力，"90后""00后"这样的年轻一代，更愿意接受以短视频为媒介的营销推广。

🖈 **小贴士：** 在当下这个快节奏的时代，利用短视频进行营销显得格外明智。因为每个人的时间都非常宝贵，一般都是利用碎片化的时间进行阅读和浏览。因此，短视频营销变得越来越火爆。

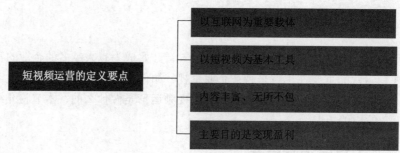

图 1-8　短视频运营的定义要点

1.5.2　常见短视频的类别

短视频的类型多种多样，随着时代的进步而发展，形式也不断更新。要想通过短视频进行营销，就必须全面了解短视频的类型。不同类型的短视频具有不同的特色，不同的特色能够展示不一样的风采。

1. 信息流广告

通常会出现在网络视频正式开播之前，或者是观看视频中间。相对于电视广告来说，网络视频广告的成本较低。因此，有的企业会根据产品的特点对广告的时长进行调整，比如 1 分钟的广告、30 秒的广告都有可能在网络上出现。

图 1-9 所示为"梅赛德斯 - 奔驰"在抖音平台的短视频账号，其所发布的短视频多为 30 秒钟以内的品牌宣传或产品广告短视频，以扩大品牌和产品的宣传影响。

图 1-9　"梅赛德斯 - 奔驰"的短视频账号和所发布的短视频广告

2. 原创短视频

原创短视频是网络短视频的主要源泉之一，具有显著的独特性。目前来看，网络上的原创短视频主要来自 3 个方面，即由电视台与传媒企业发布的短视频、视频网站自制或推出的自媒体人短视频以及视频团队与影视组织自创的短视频。

案例　"陈翔六点半"的原创迷你剧

"陈翔六点半"开创了原创爆笑迷你剧，每个短视频只用几分钟讲述一个情景剧。通过诙谐幽默的语言、夸张的表演、亲民的故事题材，获得了众多粉丝的关注和喜爱。

图 1-10 所示为"陈翔六点半"的抖音账号及发布的短视频。

图 1-10　"陈翔六点半"的抖音账号及发布的短视频

3. 宣传片

即通过短视频的方式对企业的形象和文化进行诠释，并把它传递给广大受众，从而树立企业的良好口碑，打响品牌，吸引更多人消费。一般来说，宣传片可以细分为不同类型，如企业宣传片、产品宣传片、公益宣传片和招商宣传片。

图 1-11 所示为小米手机为配合其新产品的上市而发布的产品宣传短视频，对新产品的突出特点与新功能进行介绍和宣传，从而有效吸引消费者。

图 1-11　小米发布的手机产品宣传短视频

4. 品牌广告

与宣传片有些类似，即个人、组织或企业根据举办的活动内容所制作的相关短视频。一般以会议、庆典、博览等形式呈现，但它与宣传片明显有一点不同：它的主题非常明确。

图 1-12 所示为某银行信用卡的品牌宣传短视频。

图 1-12　某银行信用卡的品牌宣传短视频

5. 系列短片

系列短片是指在主题和内容上具有一致性，可以串联起来的影片。系列短片是由多个剧集组成的短片，它的集与集之间是环环相扣、紧密联系的，并且可以构成一个完整的故事。一般而言，系列短片可以分为两种，即系列广告和微剧集。

案例　"僵小鱼"的《叫我僵小鱼》系列短片

"僵小鱼"在抖音平台拥有 1000 多万粉丝，其独创的卡通小僵尸形象，非常可爱，深受年轻粉丝的欢迎。其发布的系列短片，将虚拟的卡通小僵尸形象与真人表演相结合，非常富有创意，从而快速吸引了大量粉丝的关注。

图 1-13 所示为"僵小鱼"的抖音账号及发布的短视频。

图 1-13　"僵小鱼"的抖音账号及发布的短视频

6. UGC视频

UGC 英文全称为 User Generated Content，其含义是用户原创内容。UGC 视频即用户自己生产内容，然后上传发布在互联网上，与其他用户分享。这类视频的特点比较新颖，通常是以个人为单位，时间也比较短，且充满个性。

案例 **原创美食制作短视频**

"懒饭"是一个美食制作短视频账号，所发布的每一个短视频都是原创的美食制作教程短视频。其精美的画面拍摄加上愉悦的背景音乐，为观众带来实用、精美的原创短视频内容，收获了上千万的粉丝。

图 1-14 所示为"懒饭"的抖音账号和相关短视频。

图 1-14 "懒饭"的抖音账号和相关短视频

7. 影视短视频

通常会出现在各大专业视频网站，比如爱奇艺、优酷、腾讯视频、西瓜视频等。有的影视短视频会因为版权的原因，对普通用户限制开放，只有购买该视频网站的会员才能看到相关短视频。

8. 微电影

微电影是互联网时代的一种电影形式。因为微电影常常将人类的情感诉求融入其中，因此各大网络视频平台喜爱用这种方式传递品牌价值和品牌观念。它具有内容短小精悍、打造成本低、互动性强和投放精准等特点。

图 1-15 所示为某著名导演的微电影《三分钟》，影片时长 7 分钟，讲述了一个感人的春节故事，并且影片全程使用某品牌手机拍摄完成，同时也宣传了该品牌手机的强大拍摄功能。

图 1-15　微电影《三分钟》截图

1.5.3　了解短视频运营的工作内容

总体上看，短视频运营工作主要包括 4 方面，即内容策划、用户运营、渠道推广及数据分析。

1. 内容策划

内容策划就是规划短视频内容、准备选题及拍摄制作等相关工作，也是短视频运营人员的工作重心所在，花费的时间和精力最多。在泛娱乐化的短视频时代，去同质化是短视频运营突围的最好方向。

2. 用户运营

用户运营也是短视频运营人员的又一工作重点，应该说这是所有运营工作的工作重点。只有了解了用户画像和用户喜好，才能更加精准地开展粉丝营销，更容易吸引精准的产品用户，形成自己的社群，实现长期的营销转化。短视频的用户运营工作主要有用户互动和反馈信息整理、策划用户活动、社群运营等。

3. 渠道推广

抖音的火爆直接将短视频推向了风口，无数的互联网企业蜂拥而至，新兴的短视频平台也层出不穷，火山、快手、微视、西瓜、秒拍、好看、鹿刻等短视频平台火力全开。作为短视频运营人员，需要渠道化的多平台运营，有些渠道还会进行个性化运营。另外，渠道运营工作还包括和一些渠道小编的对接沟通、签署协议等。

4. 数据分析

和之前做新媒体运营差不多，每天都要看公众号、微博的运营数据，短视频运营也一样，所有的平台都需要数据化运营。比如，某一条短视频全渠道的播放量、单渠道的播放量、评论收藏量等都需要分析，找出影响这些点的因素，针对制作的短视频进行优化。

🔖 **小贴士：** 每一个做短视频运营的人都需要具备"视频策划和剪辑包装"的技能，需要去生产视频，这一点非常重要。每个运营者都需要生产视频，并不是说需要多么厉害的制作技能，但要了解一条视频从开始策划到用户反馈的过程，是一个从 0 到 1 的过程。

1.5.4　为什么要做短视频营销

随着智能手机和移动互联网的进一步发展，在内容方面，各大平台和用户越来越追求短、平、快。自 2016 年起，微博各项收入增速骤减，微信公众号打开率降低，用户已经不满足于枯燥单一的图文形式。在这种情况下，短视频以其直观、立体、生动的强传播优势，成为新的流量入口。

1. 短视频是一种流量趋势

互联网营销的实现归根结底依靠的还是流量，任何品牌营销和商业变现的成功都离不开流量的支持，没有流量的营销最终都是无用功。

目前，国内"两微一抖"的格局已经形成，微博、微信的格局已定，新用户已不能实现飞跃增长，而短视频作为一种新的、更直观有效的方式，成为了新的流量入口。为了争夺流量，无论是机构还是商家，素人还是大咖，短视频已成为流量的必争之地。

2. 在短视频平台做营销的成本较低

企业或品牌用来做营销和变现的渠道，无非是电视、广播、线下广告等传统手段，以及百度、微博、微信等互联网平台。但是目前来看，电视、广播、线下广告和百度竞价费用高昂，一般的中小企业根本无力承担。而微博、微信目前的流量也趋于饱和，利用其获客和引流的成本简直又难又高。相对而言，目前短视频正处于新用户倍增的阶段，而且它独特的算法和推荐机制，使用户更容易获取新的流量，同时营销的成本也更低。

3. 短视频的内容价值能更好地提升品牌影响力，实现商业变现

相比微博、微信以图文为主的展现形式，短视频的形式更有利于品牌和产品的展现与传播，能让用户迅速对品牌或产品形成认知。短视频平台强大的平台规则和推荐机制能使一个视频轻松获得百万以上甚至千万以上的播放量，给品牌带来强大的曝光量，这是其他平台不能比的。另外，商家在巨大的短视频平台流量池里，用自己的内容吸引粉丝，能获得精准用户，从而使变现更容易。

🖋️ **小贴士：** 短视频平台不仅为人们提供了展现自我、分享美好的机会，更成为众多素人一夜成名的舞台，各行各业的商家要顺应潮流，利用短视频平台宣传品牌和产品，以提高产品销量和企业知名度。

1.5.5　短视频的营销优势

营销就是根据消费者的需求去打造销售产品和服务的方式和手段，主要有网络营销、服务营销、体验营销、病毒营销、整合营销以及社会化营销等。短视频属于网络营销的一种，也是具有巨大潜力的营销方式之一。与其他营销方式相比，短视频营销具有以下优势。

1. 营销成本低

与传统广告营销的资金投入相比，短视频营销的成本算是比较低的。它主要表现在 3 大方面，即制作的成本、传播的成本以及维护的成本。

2. 营销效果好

短视频营销的效果比较显著，一是因为画面感更强，能够带给消费者图文、音频所不能提供的感官的冲击；二是因为短视频可以与电商、直播等平台结合，实现更加直接的盈利。

3. 营销指向强

短视频可以准确地找到企业的目标消费者，从而达到精准营销的目的。其原因就在于：一方面短视频平台通常都会设置搜索框，对搜索引擎进行优化；另一方面是可以在短视频平台上发起活动、比赛，聚集用户。

4. 受众群体大

自 2017 年以来，短视频行业蓬勃发展，其中用户规模更是呈现出爆发式增长的态势。目前，短视频用户占网络视频用户的 97.5%。

5. 互动性良好

几乎所有的短视频都可进行单向、双向甚至多向的互动交流。对企业而言，这一优势能帮助企业获得用户的反馈，从而有针对性地对自身进行改进；对用户而言，他们可以通过与企业发布的短视频进行互动，从而对企业的品牌进行传播，或者表达自己的意见和建议。

6. 传播速度快

短视频本身就属于网络营销，因此能够迅速地在网络上传播。此外，用户在与短视频互动时，不仅可以点赞、评论，还可以转发，这样就很有可能达到病毒式传播的效果。当然，短视频还积极与社交平台达成合作，吸引更多的流量，这也是推动短视频快速传播的重要因素。

7. 存活时间长

相较于电视广告，短视频一时之间不会因为费用问题而停止传播，因此存活时间久。这与短视频打造的较低成本分不开，大多都是用户自己制作并上传的，所以费用一般相对较低。

8. 效果可衡量

不管是社交平台上的短视频，还是垂直内容的短视频，都会展示出播放量、评论量等。通过这些数据可以对短视频的传播和营销效果进行分析和衡量。

案例 **小米通过短视频和直播进行营销宣传**

小米品牌每次推出新的产品都会在线上进行新品发布直播，并且老总雷军会亲自进行新品的发布直播，实为增强与粉丝的互动。同时，在爱奇艺、bilibili、CIBN、第一财经、斗鱼、凤凰科技等二十多个直播平台同时播放，成为第一个进入"微视千万俱乐部"的企业级用户。

　　图 1-16 所示为小米在抖音的官方短视频和官方直播，主要是对小米品牌的产品进行介绍和直播带货。

图 1-16　小米短视频与小米直播

　　课堂讨论：你所理解的短视频运营的工作包含哪些？在短视频平台中看到过哪些短视频营销的案例？

1.6　常用平台介绍

　　短视频平台定位可以简单理解为解决用户的心理诉求，当用户有需求或是提到某个概念的时候，首先想到的是你的产品，这就证明你的产品定位是成功的。打个比方：想去看看最近有没有什么炫酷的玩法的时候，想到的是抖音；想看看大家的生活百态的时候，想到的是快手；想去了解最近明星大咖们都在干什么的时候，想到的是秒拍。

1.6.1　抖音

　　抖音所属公司为北京字节跳动科技有限公司，是一款可以拍摄短视频的音乐创意短视频社交软件，该软件于 2016 年 9 月上线，是一个专注年轻人音乐短视频社区的平台。用户可以通过该平台选择歌曲，拍摄音乐短视频，形成自己的作品。

　　抖音在创立之初，其目标就是做一个适合年轻人的音乐短视频社区，让年轻人喜欢玩，能轻松表达自己。图 1-17 所示为抖音 Logo 与 PC 端抖音首页。

　　1. 平台运营定位

　　从抖音的口号"专注新生代音乐短视频社区"中可以看出，抖音主要的运营定位为年轻人的音乐短视频社区，其主要用户可以分为以下 3 类。

　　1）内容生产者

　　这类用户是我们通常所说的"网红"用户，他们处在每个 App 的前端。在抖音，这样的用户群体在音乐和短视频制作上都有很高的热情和专业度,会打造个人品牌,甚至商业矩阵,也会花精力运营粉丝和社群。

图 1-17   抖音 Logo 与 PC 端抖音首页

2)内容次生产者

这类用户追随内容生产者,通过模仿制作出自己的作品。他们希望有机会表达自我,让更多人看到。

3)内容消费者

这类用户没有很强烈的意愿表达自我,只是在平台看精彩的作品,填补自己的碎片时间,或在这个过程中对自己有所启发和收获,给生活增添乐趣。

这 3 类用户的特点与目标如表 1-1 所示。

表 1-1   3 类用户的特点与目标

用 户 分 类	特 点	目 标
内容生产者	热情、专业	个人品牌、商业矩阵
内容次生产者	模仿,渴望表达	增加知名度
内容消费者	表达意愿低	填补碎片时间

根据对这 3 类用户的特点与目标的了解,抖音短视频主要打造:首页的推荐,系统根据用户的喜好或好友名单自动推荐的内容;同城内容推荐,用户可以看到周边同城用户的推荐;关注页,汇聚了账号关注的抖音号,用户可以看到关注的账号按时间发布的作品;消息页,有粉丝、收到的赞、提到自己的人以及对作品的评论;个人页,用户可以看到自己的主页、粉丝量和作品栏。图 1-18 所示为抖音短视频平台的相关主界面。

🖌 **小贴士:** 抖音是一款创造"沉浸式娱乐"的 App,在设计中具有 3 个特点:第一,抖音采取霸屏阅读模式,注意力被打断的概率降低;第二,抖音几乎没有任何时间提示,让用户忽略时间流逝;第三,抖音所有的按钮设计都尽量不让用户跳转出主界面。

图1-18　抖音短视频平台的相关主界面

2. 平台特色玩法

抖音的主要玩法有以下3类。

1）拍摄作品和故事

打开"抖音"App，点击界面底部的"加号"图标，即可进入短视频拍摄界面，在界面底部提供了不同的拍摄功能，使新手更容易上手操作。

抖音是一个短视频音乐平台，更多复杂功能会倾向于短视频的制作，而拍摄故事主要用于拍摄长视频。"长视频-故事类"和"短视频-作品类"是分开的，推荐视频更多的是基于短视频推荐算法，长视频还没有很大的推广强度，这也是符合其定位的。

2）直播

抖音平台已经开启了直播功能，主要用于培养更多的知识产权（Intellectual Property，IP）。同时，直播是基于推荐算法的，用户会只看到自己关注的IP直播和经常看其短视频内容的人的直播。

3）热搜和热门话题

用户在首页点击顶部的搜索栏，就可以看到热门话题和抖音热搜。图1-19所示为抖音热搜话题和各类热搜榜单。

用户可以找到自己感兴趣的主题观看或制作相关的短视频，增加社交性和互动性，也让很多短视频和当下热点有相关性。

3. 平台用户画像

（1）主要以一二线城市年轻用户为主，男女比例比较均衡，女性略大于男性。

（2）用户群体开始向三四线城市逐渐渗透。

（3）用户为城市青年、时尚青年、学生、才艺青年、俊男美女。

（4）用户标签为喜欢音乐、美食和旅游居多。

（5）社交风格更趋向于流行时尚、文艺小清新与校园风格。

图 1-19　抖音热搜话题和各类热搜榜单

1.6.2　快手

快手是北京快手科技有限公司旗下的产品，最初是一款处理图片和视频的工具，后来转型为一个短视频社区。快手强调人人平等，不打扰用户，是一个面向所有普通用户的产品。图 1-20 所示为快手 Logo 与 PC 端快手首页。

图 1-20　快手 Logo 与 PC 端快手首页

在用户数量爆发增长期间，快手在产品推广上没有刻意地策划事件和活动，一直依靠短视频社区自身的用户和内容运营，聚焦于社区文化氛围的打造。并依靠社区内容的自发传播，在对社区用户和内容的运营上也没有表现出特别的方法和手段。

1. 平台运营定位

在快手推出之后，短视频市场相继推出了美拍、小咖秀等视频社区应用。短视频社区应用满足了用户分享、评论的自我满足和娱乐消遣的需求。在每天都有新奇事情发生的今天，人们的注意力越来越稀缺。在这种情况下，快手依然能保持用户的高黏性和高复用率，并异军突起，主要因为其在运营方面的以下 3 个定位。

（1）快手满足了被主流媒体和主流创业者所忽略的人群——普通人，而非"网红"的需求。在当下互联网巨头垄断达到前所未有程度的时代，快手更早地突破了这层边界，成为一个为普通人提供记录和分享生活的平台。

（2）快手坚持不对某一特定人群（如"网红"）进行运营，不与明星和"网红"主播签订合作条约，也不对短视频内容进行栏目分类或对创作者进行分门别类。

（3）从快手的定位——"强调人人平等，不打扰用户，是一个面向所有普通人的产品"可以看到，快手是一个用短视频的形态记录和分享生活的视频平台，用户主要用它来记录生活中有意思的人和事，并开放给所有人。

人们常常会将快手和抖音放在一起对比。表 1-2 所示为快手和抖音在平台运营定位上的不同之处。

表 1-2　快手和抖音在平台运营定位上的不同

对 比 项 目	快　　手	抖　　音
产品定位	记录、分享和发现生活	音乐、创意和社交
目标用户	三四线城市和农村用户居多	一二线城市和年轻用户居多
人群特征	自我展现意愿强，好奇心强	碎片化时间多，对音乐有一定的兴趣
运营模式	规范社区、内容把控	注重推广、扩大影响

2. 平台特色玩法

快手平台的主要玩法有以下 3 类。

1）拍摄作品

进入快手页面后首先显示"发现栏"，定位是将最新发表的短视频个性化地推荐给用户。"个性化"的意义在于让用户能以最低的成本接触到感兴趣的内容。"最新"的意义在于生产内容的用户可以曝光最新录制的短视频，而观看用户会接收没看过的、感兴趣的内容。对于观看用户而言，"热度＋个性化"是他们更为在意的。

2）直播和对决

快手目前对所有用户均开放直播功能，官方每天送出 20 个免费关注名额，100个亮心，鼓励大家多开直播。

在直播的同时，快手还有主播对决小游戏和观众投票环节，每一次对决的时间是 4 分 50 秒，对决失败的一方要接受惩罚，如真心话大冒险。

3）同城推荐

用户在首页点击"同城"，可以看到同城的快手短视频制作者或直播博主的推荐，并且会显示距离，增强了互动性。图 1-21 所示为快手短视频平台的相关主界面。

图 1-21　快手短视频平台的相关主界面

📌**小贴士**：快手平台也流行一些不同主题的音乐或短视频风格，不同的用户可以彼此模仿和根据主题拍摄短视频。

3. 平台用户画像

（1）大部分用户来自二线城市以下，来自四线及以下城市的也占很大比例。

（2）从一线城市到五六线城市的生活百态，从田间地头到广场上。

（3）热爱分享、喜欢热闹、年轻化的"小镇青年"。

（4）很大一部分群体为社会底层中青年。

1.6.3　西瓜视频

西瓜视频是字节跳动旗下的个性化推荐短视频平台，通过人工智能帮助每个人发现自己喜欢的视频，并帮助视频创作者轻松地向全世界分享自己的视频作品。字节跳动旗下的平台包括今日头条、抖音、西瓜视频和火山视频等。图 1-22 所示为西瓜视频的 Logo 与 PC 端西瓜视频首页。

图 1-22　西瓜视频的 Logo 与 PC 端首页

西瓜视频作为今日头条打造的短视频平台，可以说是视频版的今日头条，拥有众多垂直分类，专业程度较高。西瓜视频 95% 以上的内容由职业生产内容（Occupationlly Generated Content，OGC）+PGC（专业生产内容）产生，用人工智能精准匹配内容与用户兴趣，致力于成为"最懂你"的短视频平台。

1. 平台运营定位

在短视频领域，如果说抖音和快手争夺的是竖屏市场，那么西瓜视频争夺的就是横屏市场。

横竖的最大不同是内容源不同，横的是数码摄像机和摄像机，竖的是手机摄像头，后者意味着会产生大量新增原创、简单易得的短视频，而前者则面向已有的存量内容和优质精选的内容。

西瓜视频可以说是横屏版的今日头条。目前，西瓜视频及头条西瓜视频模块的日总体播放量达到 30 亿的量级，平均一个用户一天播放 30 多条视频。西瓜视频的本质是一款去掉图文的今日头条，它首先是信息流资讯，其次才是作为一种更纯粹的内容形式的视频本身。

创作者为西瓜视频平台提供内容，同时获得收入分成。广告主为西瓜视频提供收入，同时获得流量。用户为西瓜视频提供流量，同时获得内容。三者形成一个闭环，彼此赋能并推动彼此增长。对比同一个公司的西瓜视频和抖音，可以看到以下几点不同。

（1）从视频时长上看，抖音的视频多以 15 秒的视频为主，而西瓜视频上的视频时长可达几分钟，可以完整地讲述一个故事。我们从中可以看到，虽然碎片化阅读、短时长消费是当下移动互联时代网民的习惯，但这并不等于说完整的内容形态就没有市场。

（2）从视频展现的形态来看，抖音以竖屏视频为主，而西瓜视频以横屏视频为主。虽然竖屏阅读更符合手机用户的习惯，但如果内容足够打动人，阅读习惯就会居于其次。用户在进入视频呈现的情境之后，会主动改变阅读习惯，跟随视频的节奏行进。图 1-23 所示为西瓜视频平台的相关主界面。

图 1-23　西瓜视频平台的相关界面

表 1-3 所示为西瓜视频和抖音的运营定位对比。

表 1-3　西瓜视频和抖音的运营定位对比

对 比 项 目	西 瓜 视 频	抖 音
产品定位	分享新鲜的内容给用户	音乐、创意和社交
目标用户	一二线城市用户居多	一二线城市和年轻用户居多
视频长度	2 ～ 5 分钟	15 ～ 60 秒
视频呈现	横屏呈现	竖屏呈现

2. 平台用户画像

（1）西瓜视频的用户男女比例为 6：4，以男性为主。

（2）中等收入的一二线城市中的男性是主要受众。

（3）30 岁以上的用户超过 70%，其中 31 ～ 35 岁占比为 35.5%，36 ～ 40 岁占比为 11.8%，41 岁以上占比为 26.9%。

（4）地域分布上，以一二线城市为主，其中超一线城市占比为 10.5%，一线城市占比为 33.9%，二线城市占比为 21.1%。

（5）消费能力上，中低消费者占比最高，达 35.7%，中高等消费者占比为 22.4%，中等消费者占比为 22.4%，低等消费者占比为 17%，高等消费者占比为 2.6%。

1.6.4　秒拍

秒拍由炫一下（北京）科技有限公司推出，是一个集观看、拍摄、剪辑和分享于一体的短视频工具，更是一个短视频社区。秒拍支持各种风格的滤镜，个性化水印和智能变声等多种功能，让用户的视频一键变大片，同时秒拍还支持视频同步分享到微博、微信朋友圈和 QQ 空间。图 1-24 所示为秒拍 Logo 与 PC 端秒拍首页。

图 1-24　秒拍 Logo 与 PC 端秒拍首页

1. 平台运营定位

秒拍 App 在 2014 年全新上线后就获得了"文艺摄影师"的称号，风格偏向于文化与潮流化。"10 秒拍大片"是秒拍的广告语，从这一点可以看出，秒拍的核心功能定位为简单易用的短视频拍摄编辑工具。

不过从产品开发至今，秒拍从基本的工具属性延伸出了更多的社交属性和媒体属性，所以在秒拍官微的简介页面中还可以看到这样一行字："众多明星、美女都在玩的最新潮短视频分享应用。"图 1-25 所示为秒拍 App 的相关界面截图。

图 1-25　秒拍 App 的相关界面截图

2. 平台用户画像

（1）多数为一二线城市的用户，大城市年轻人的娱乐活动更丰富。

（2）以"80 后""90 后"用户群体为主，女性用户偏多，乐于接受新鲜事物，乐于分享身边美好、有趣的事物。

（3）一小部分是明星、网红或是各种类型的网络达人。

课堂讨论： 简单描述常用的不同短视频平台的定位，以及各平台的主要用户画像。

1.7　本章小结

移动互联网的发展，让新媒体应运而生，这种新型的媒体形式，催生了新的营销，更促进了传统的转型，同时也让各大行业纷纷转身，利用新的媒体平台来提升行业竞争力。完成本章内容的学习，理解新媒体与新媒体运营的相关基础知识，为后面学习新媒体平台运营打下基础。

第2章 账号的创建与设置

了解了新媒体和短视频运营的基础知识之后，就要开始进行正式运营了。对短视频运营者来说，首先还是需要在短视频平台上下功夫，也就是说要决定打造一个什么定位的短视频平台运营账号。本章将从短视频账号的定位和目标群体入手，介绍不同类型短视频账号的特点和设置短视频账号的方法和技巧。

2.1 短视频账号定位

对刚步入短视频行业的人来说，一定要先了解短视频的用户画像。建立用户画像能帮助短视频从业者更高效地发挥用户在平台收视中产生的视频大数据资源，充分挖掘视频大数据中潜在的用户基础信息和行为偏好，帮助从业者快速找到受众用户，并弄清楚定位。

2.1.1 用户需求分析

当运用大数据进行深入挖掘时，就已经能清晰地认识到我们的目标用户是谁，接下来应该做的就是挖掘用户对短视频内容的需求，并将用户想看的内容推送给他们。

1. 用户对内容的需求分类

要想满足用户对短视频内容的需求，首先要知道用户需要哪些内容。用户对内容的需求细分为以下 4 类，如图 2-1 所示。

图 2-1 用户对内容的需求分类

1）消磨、打发时间

就像玩游戏消遣一样，刷抖音、玩快手也仅仅是为了打发时间。既然是打发时间，自然要看一些有趣的内容，所以很多娱乐性、互动性的短视频很受欢迎。

2）获取新闻资讯

现在人们看电视的时间越来越少，而且如果有什么新闻大事件，一定不会想着打开电视看新闻，而是通过手机、计算机等获取新闻资讯。短视频不仅直观、明了，而且比图文内容生动、方便。其实大多数人也是如此，借助资讯类短视频，这样不仅能时时掌握时事热点，还能节省时间。

小贴士：为了满足用户的需求，很多平台并不是单一地满足用户的一个需求，而是交叉存在。比如"今日头条"既能满足用户对新闻资讯的获取，又能提供一些娱乐性的内容。

3）进行深度阅读（获取知识、技能）

除了获取一定的资讯和打发时间以外，用户观看短视频还可能是为了获取相关的知识和技能。目前，许多短视频平台上包含大量的垂直内容分类，用户可以轻松选择自己感兴趣的分类短视频，并从这些短视频内容中学习相应的技能，获取相应的知识。

案例　**"西瓜视频"平台为用户提供详细的垂直内容分类**

"西瓜视频"平台为用户提供了"影视""音乐""美食""宠物""亲子""体育""文化""科技""财经"等众多的垂直内容分类，方便用户快速找到自己感兴趣的分类内容，可以从自己感兴趣的分类中学习技能，获取知识。

图 2-2 所示为"西瓜视频"平台中的垂直内容分类。

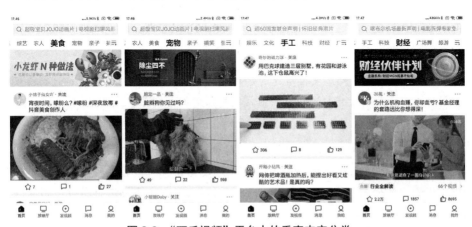

图 2-2　"西瓜视频"平台中的垂直内容分类

4）寻求指导消费

就像当初买相机要去逛一逛相机论坛一样，现在想要购买什么第一时间不是逛论坛，而是上小红书、一条、什么值得买这类平台。其实，这个过程就是用户在寻求指导消费。通过这类平台，用户可以对一些产品的基本信息、优惠信息及购买价格等内容有一个基本的了解，从而决定是否消费。

2. 用户分析算法

在清楚了用户对短视频内容的需求之后，接下来的事就是将内容推送给用户。这时就会遇到一个问题：怎样才能向用户推送他们喜欢的内容呢？借助用户分析算法可以很好地解决这个问题，如图 2-3 所示。

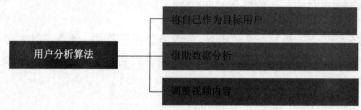

图 2-3　用户分析算法

1）将自己作为目标用户

唯有深入目标用户，才能真正了解用户的需求，从自身入手，切换到目标用户的角色，为自己的"用户"身份设定一定的条件，如年龄、喜好、性格等，观看自己制作的视频并进行客观思考。做完这些还要切回内容制作者的身份，对刚才的想法需求进行理性的分析，然后想方设法解决用户的问题和需求。

2）借助数据分析

换位思考没什么不对，但是我们毕竟是内容创作者，很多时候我们的想法和用户的想法不对称，即我们认为好的内容用户不一定喜欢，而我们认为没什么价值的内容却能引起用户的关注。所以，为了解决这个问题，一定要借助后台数据对用户进行分析。另外，当有了一定的用户积累后，还可以对用户进行调查问卷、访谈等。针对短视频平台的数据分析平台，如飞瓜数据和热浪数据，都可以提供平台优质内容搜索、账号粉丝分析等功能。

小贴士： 如果无法获得用户的真实反馈，不妨向用户征集内容，这样不仅能看出目标用户喜欢什么样的短视频，而且还可以增加用户黏性。

3）调整视频内容

根据以上内容，我们已经了解了目标用户的需求，现在要做的就是及时调整视频内容。比如，如果用户偏向于打发时间，就尽量选择一些较为轻松、有趣、搞笑的内容去做；如果用户偏向于深度阅读，就可以选择一个事物进行深度剖析，满足用户对深度阅读的需求。

2.1.2　借助同类短视频，明确市场定位

所谓的市场定位，指的就是针对产品在目标消费者心目中相对于竞争产品而言

占据清晰、特别和理想的位置而进行的安排。如果短视频想脱颖而出，就必须明确市场定位，摆好自己的位置。这样，才能有的放矢，增强自己的竞争力。

1. 搜集同类短视频的相关数据

既然是市场定位，市场上的同类短视频自然是参考、学习的对象。这里的参考、学习不是复制、粘贴，而是以其为目标，分析对方为什么能成功，以及对方的优缺点。通过分析，能避免走弯路，建立一个自己的制作模板。

2. 确立短视频分析纬度

收集了相关数据之后，就要进行数据分析，确立短视频分析的纬度。一般来说，短视频的分析纬度包括以下几个方面，如图 2-4 所示。

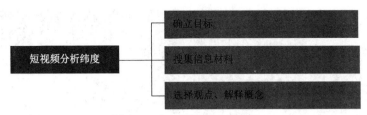

图 2-4　确立短视频分析纬度

1）确立目标

在确立目标时应该思考这样几个问题：想要达到怎样的效果？为了达到这个效果要做哪些工作？需要付出多少精力和资金？

2）搜集信息材料

有了目标之后就要着手去搜集信息材料，这时要注意两点：一是搜集的材料要切合主题；二是注意版权问题，以免发生法律上的纠纷。

3）选择观点、解释概念

在搜集到材料后，综合材料将短视频想要表达的观点列出来。事实上，能够被大多数观众认同的观点很容易扩大受众群体，而对于有争论的观点或是容易制造冲突的观点要慎重选择。此外，在短视频中势必会提到很多事物和现象，对此，短视频制作者要有一个概念认知，但是观众并不一定持有相同的看法。所以，如果短视频需要提到某种概念，就一定要对概念进行解析。

例如，一个主题为"因为 5G，华为就是很牛"的短视频，这里面作者想要表达的观点其实是华为很牛，这一观点现在普遍被人们所接受。这里还提到了 5G 的概念，这就需要视频创作者向观众解释什么是 5G，为什么因为 5G 华为变得很牛。

3. 建立短视频分析画像

短视频分析画像指的是将各大平台上的短视频进行归纳整理，将不同类别的短视频区别开来，从而将抽象的数据具体化的一种形式。建立短视频分析画像可以帮助短视频创作者直观地了解观众对短视频类别的偏爱，从而为短视频创作者提供题材。目前常见的短视频类型有以下几种。

1）娱乐

娱乐类短视频的目的是为用户带来欢乐，所以内容上要注重幽默性。同时，还要雅俗共赏，太过高雅的内容会显得无趣，而太过低俗的内容则不能获得长远的发展。图 2-5 所示为娱乐类短视频。

2）资讯

资讯类短视频可以让用户在单位时间内获得更多的资讯，很符合当下快节奏的生活方式，所以现在很多用户都开始通过短视频媒介来了解每日资讯。不过资讯类短视频大多是由团队打造的，只有各个成员之间相互配合，才能够保证新闻事件的精华所在。图 2-6 所示为新闻资讯类短视频。

图 2-5　娱乐类短视频　　　　　　　图 2-6　新闻资讯类短视频

3）媒体

以自媒体为代表的媒体类短视频正在颠覆传统的媒体形式。不同于资讯类短视频，媒体类短视频传递的信息既可以是当下的热点，也可以是非热点信息，而且相比之下更注重内容的打造。图 2-7 所示为不同行业自媒体短视频。

4）社交

以抖音、快手为代表的社交类短视频平台受到越来越多人的喜爱，这是因为人作为社会化的动物永远离不开社交群体。社交类短视频最主要的一个特点是要与用户之间形成互动，通过互动来增加用户的黏性。图 2-8 所示为社交类短视频。

5）教育

教育类短视频的范围很广，其覆盖的人群也非常多，各个年龄层、各个阶层、各行各业，主要以"传道授业"为主。这就需要短视频创作者在短时间内把所要传授的知识或技能讲清楚。虽然教育本身是一个严肃的话题，但还是应该根据用户的偏好选择较为有趣、轻松的方式进行讲解。图 2-9 所示为美术教育短视频。

6）电商

以淘宝、京东为首的电商已经开始推出自己的短视频渠道，比如现在打开手机淘宝会看到很多商品都开始用短视频进行介绍。电商类短视频的一个基本功能是向用户展示商品，在内容安排上更多考虑消费者的心理。图 2-10 所示为淘宝中的商品展示短视频。

图 2-7　不同行业自媒体短视频

图 2-8　社交类短视频

图 2-9　美术教育短视频

图 2-10　商品展示短视频

2.1.3　短视频标签有助于快速找到用户群体

标签化是当下生活中十分常见的一种现象，通过贴标签的手法将人或事物分类，形成固定的形象，当其他人看到时首先想起的便是这个标签，在短视频领域中同样追求这种贴标签的效果。

1. 为什么要给短视频贴标签

我们常常花费很多时间和精力去策划、拍摄、剪辑一个几分钟甚至几秒钟的视频，结果视频投放出去却没人看。其实这是没有找到具体的目标用户的缘故。为什么找不到目标用户？很可能是我们遗漏了其中最关键的一步——给短视频贴标签。

小贴士： 给短视频贴标签已经成为短视频寻找用户群体的一种惯用手法，比如"一条"的标签是文艺，"陈翔六点半"的标签是幽默，"papi酱"的标签是吐槽。

不论短视频选择什么题材，采用怎样的表现形式，最终的目的都是让用户认识你，知道你有多特别。而短视频标签能让短视频变得独特、唯一、与众不同。并且好的短视频标签可以使短视频匹配算法推荐逻辑，直达粉丝用户群体，迅速帮助我们找到目标用户并积累用户。

比如，如果希望在自己的短视频中呈现一个"吃货"形象，就要在每期的短视频中都要全方位体现"吃货"这个标签。例如第一期讲述一个"漂亮的吃货"的故事，第二期讲述一个"怎么吃都不胖的吃货"的故事，第三期讲述一个"如何做一个勇敢的吃货"的故事……这样一系列吃货的标签串联下来，人们一提到吃货就想到了你，你的短视频内容就会在广大吃货群体中传播，你就找到了短视频内容创作和商业挖掘的阵地。

2. 给短视频贴标签

一旦拟定好标签，其内容方向往往是固定不变的，所以在订立标签时一定要谨慎，同时还需要一些方法才能快速找到用户群体，如图2-11所示。

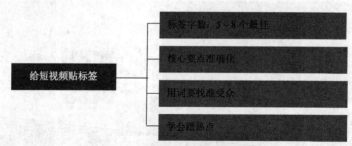

图中文字：
给短视频贴标签
- 标签字数：5～8个最佳
- 核心要点准确化
- 用词要找准受众
- 学会蹭热点

图 2-11　给短视频贴标签的方法

1）标签字数：5～8个最佳

很多新手会把短视频标签的概念归为对短视频进行分类，于是贴上"搞笑""游戏""吃货"等标签。其实短视频标签不只是简单地给短视频分类，而是代表着分发给的不同粉丝群体，所以描述类词语的标签一定要符合该关键词画像的用户群体。一般来讲，每个标签的字数为2～4个，好的视频标签字数为5～8个。

比如，"搞笑"这个标签就很大众，而换成"办公室搞笑"就更具体一些。再比如，"游戏"这个标签太广泛，而如果换成"'吃鸡'36计"就很具体，而且很独特，目标直指玩"绝地求生"游戏的用户。

2）核心要点准确化

一些用户在给短视频贴标签时，误以为可以夸张一点或是覆盖范围广一点，于是用一些不相干的字眼来吸引特定人群。比如，明明是萌宠类的视频，非要贴上高科技的标签；明明是美食类的视频，却和运动风格联系在一起。这样即使是再好的内容也很难得到准确推荐。因此，短视频标签的内容一定要和内容主旨相关联。比如发布美食类视频，标签中的内容就一定要属于美食这一范畴，如蛋糕、川菜、火锅等。

🔖 **小贴士：** 除了主动给自己贴标签外，还可以根据在与粉丝互动的过程中看看自己哪个点给他们的印象最深刻，最适合拿来做标签。

3）用词要找准受众

给短视频贴标签的目的是找到短视频的核心受众，从而获取大量的点击率。所以在用词时就可以直接体现出目标人群，这样就能把短视频精准投放到核心受众群体中。比如，美食类、摄影类、运动类短视频就可以在标签中加上"美食专家""拍照达人""头号球迷"等关键词；有关动漫、二次元的内容，可以加入"萝莉""萌妹"等关键词；涉及互联网、IT 行业的短视频，可以贴上"码农"等标签。

4）学会蹭热点

虽然内容创作要谨慎跟风，但还是要具备蹭热点的本领。热点事件既然能成为热点，就意味着有千千万万的网民在关注这一话题。如果我们的短视频内容刚好能蹭热点，就势必会增加视频曝光率，从而获得更多推荐。

🔖 **课堂讨论：** 在对短视频账号进行运营之前，为什么需要对用户需求进行分析？如何对用户需求进行分析？

2.2　短视频用户画像

了解用户并进行用户画像是短视频内容生产者进行创作的第一要务。现在，越来越多的商家利用用户画像来达到"精准营销"，那么到底什么是用户画像呢？如何借助大数据建立用户画像，找到短视频的目标用户呢？

2.2.1　什么是用户画像

在一位应聘者的简历上写着这样一行信息：小明，男，24 岁，北京人，大学本科毕业，曾任职某公司主管。这行信息便是小明的画像。而对公司来说，所有的简历汇聚到一起，然后根据数据统计就能得出应聘者的画像，即用户画像。

所谓用户画像，指的是根据用户的社会属性、生活习惯和消费行为等信息而抽象出的一个标签化的用户模型。构建用户画像的核心工作即是给用户贴"标签"，而标签是通过对用户的信息进行分析而得到的高度精练的特征标识。

举例来说，如果你经常购买一些儿童玩具，那么电商网站就会根据你买玩具的情况给你贴上"有孩子"的标签，甚至还可以判断出孩子的大概年龄，贴上"有 3 ～ 6 岁的孩子"这样更为具体的标签，而这些所有的标签综合在一起就形成了你的用户画像——"一位 3 ～ 6 岁孩子的家长且经常买玩具"。得出这样的结论后，电商网站就会向你精准推送更多关于 3 ～ 6 岁孩子的玩具。

短视频创作者要想找准目标用户，就需要通过数据建立用户画像，然后根据用户画像制作视频，这样才能有的放矢，正中目标用户。

📌 **小贴士：** 用户画像有利于商家换位思考，让用户回到"以用户为中心"的设计中；也有助于了解用户偏好，挖掘用户需求，实现精准化营销。

2.2.2 大数据时代用户画像的步骤

在大数据时代，得用户者得天下。依托庞大的用户数据构建出一整套完善的用户画像，主要有以下 3 个步骤，如图 2-12 所示。

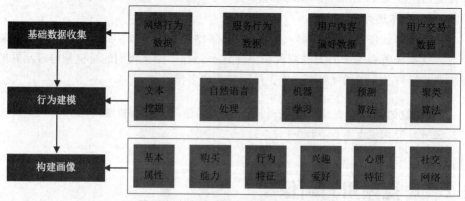

图 2-12 大数据时代用户画像的步骤

（1）基础数据收集：收集用户在平台内外的静态数据和动态数据。

（2）行为建模：基于用户的基础数据，通过技术手段进行行为建模。

（3）构建画像：通过行为建模，可以输出一系列的用户标签；每个用户的标签都可以形成一个集合，这个标签的集合可以表示出该用户的特点。

2.2.3 如何构建用户画像

基于大数据的用户画像多被网站、大型公司、App 用来进行用户分析，对技术和资金都有较高的要求。定位短视频内容的用户，可以结合用户画像和定性研究的思路，实用高效，步骤如下。

1. 准备工作

1）用户信息数据分类

用户信息数据分为静态信息数据和动态信息数据两类。

静态信息数据就是用户的固有属性，是构成用户画像的基本框架，主要包括用户的基本信息，如社会属性、商业属性、心理属性等。这类静态的常量信息是无法穷尽的，如姓名、年龄、性别、家庭状况、地址、学历、职业、婚姻状况等，选取符合需求的即可。动态信息数据就是用户的网络行为，包括搜索、收藏、评论、点赞、分享、加入购物车、购买等。动态信息数据的选择也得符合产品的定位。

以短视频美食账号为例，静态数据包括用户的性别、年龄、城市等；动态数据包括最常用的短视频平台、关注的账号、点赞、评论、留言、取消关注等的动机和原因。

2）确定用户使用场景

确定了用户的信息标签类别还不能形成对用户的全面了解，短视频生产者需要把以上的用户特征融入一定的使用场景，才能更加具体地体会用户的感受，还原用户形象。这是非常关键的一步。

确定用户使用场景，采用经典的 5W1H 方法即可。

（1）Who：短视频用户。

（2）When：观看短视频的时间。

（3）Where：观看短视频的地点。

（4）What：选择观看什么样的短视频。

（5）Why：某项行为背后的深层动机，如关注、点赞、转发。

（6）How：可以与用户的动态、静态场景结合，洞察用户使用时的具体场景。

3）确定用户的动态使用场景模板

提前建立沟通模板，可以避免由于措辞不当和提问顺序的变化对用户造成影响，从而使研究结论出现偏差。沟通模板要结合用户动态信息和用户使用场景，具体的设置依据短视频生产者期待获取的信息来进行。

以美食类账号的模板为例，可以确定以下需要沟通的问题。

（1）常用的短视频平台。

（2）使用频率。

（3）活跃时间。

（4）周活跃时长。

（5）使用的地点。

（6）感兴趣的美食话题。

（7）什么情况下关注账号。

（8）什么情况下点赞。

（9）什么情况下评论。

（10）什么情况下取消关注。

（11）用户的其他特征。

2. 获取用户的静态信息数据

获取用户信息需要对数以千计的样本量进行统计，而短视频制作公司通常体量小，且用户的基本信息重合度高，因此短视频生产者可以利用网站可获取的竞品账号数据来获取用户的静态信息数据。

"热浪数据"网站是国内领先的视频全网大数据开放平台，提供全方位的数据查询、用户画像、视频监测服务，为团队在内容创作和用户运营方面提供数据支持。可以通过该网站来获取用户静态信息数据。

案例 通过"热浪数据"网站获取短视频用户静态数据

下面以美食制作的短视频为例，了解如何通过分析竞品账号数据获取用户的静态数据。其方法如下。

（1）打开"热浪数据"网站（https://www.relangdata.com/），在首页的"热门排行榜"栏目中分别显示了"抖音"和"小红书"两大平台的榜单排名以及视频号榜单排名，如图2-13所示。

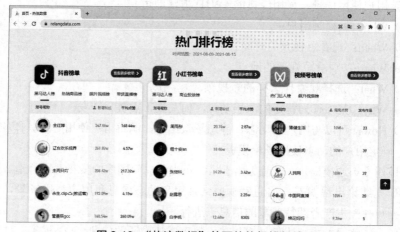

图2-13 "热浪数据"首页的热门排行榜

（2）单击"抖音榜单"栏目的"查看更多榜单"按钮，进入抖音平台排行榜页面，如图2-14所示。在该页面中可以根据不同的维度对排行榜进行筛选，例如筛选"美食"行业的涨粉排行月榜，如图2-15所示。

图2-14 抖音平台排行榜页面　　　　图2-15 根据条件对排行榜进行筛选

（3）经过筛选，选择与本账号的内容表现形式比较接近的账号，单击该账号右侧的"红人详情"按钮，可以在弹出的页面中看到该账号的相关数据分析，如图2-16所示。

图 2-16　显示所选择账号的数据分析内容

（4）单击"粉丝特征分析"选项，切换到该选项卡中，我们可以看到基本的静态数据：性别分布、地域分布、活跃度、浏览设备、活跃时间等，如图2-17所示。

图 2-17　查看基本的静态数据信息

（5）再选取两个与自己的账号定位相似度高的账号，然后对数据进行归类，基本上可以确定本账号用户画像的静态信息数据。

3. 获取用户的动态使用场景信息

有几种"用户洞察"的方法，如问卷调查、利用 B2B 销售人员构建用户画像、用户深度访谈等。用户深度访谈属于定性分析，是通过与被访者做深入的沟通来获取有价值的、细致的信息，因此需要对方做一些理解、回忆和思考。

根据广告界传奇人物大卫·奥格威（David Mackenzie Ogilvy）的观点，如果让用户刻意回答对某个产品的看法，他们可能无法解释清楚。例如，对短视频深度访谈来说，当问及用户对某条视频的感受及为何关注账号时，他们可能无法给出明确的答案。这时，访谈者要扮演一个优秀的倾听者的角色，在受访者讲述时认真倾听，以便抓住他们做决定的心态，深入挖掘用户点赞、转发及关注某账号的原因。

4. 形成短视频用户画像

把以上的静态信息和动态使用场景进行整合，就形成了美食类账号的用户画像，具体内容介绍如下。

（1）性别：女性占比 60% ～ 70%，男性所占比例相对较小。

（2）年龄：31 ～ 35 岁占比为 25% 左右，40 岁以上占比为 25% 左右，25 ～ 30 岁占 20% 为左右。

（3）地域：广东、河南、江苏、山东、四川、湖南、浙江、安徽、湖北占比最高。

（4）婚姻状况：已婚者居多。

（5）使用频率：女性为 3 ～ 5 次 / 周，男性为 2 次 / 周。

（6）活跃时间：19:00 ～ 20:00；12:00 ～ 13:00。

（7）周活跃时长：2 ～ 8 小时 / 周。

（8）地点：家、公司。

（9）感兴趣的美食话题：被推送到首页的各地特色美食。

（10）什么情况下关注账号：画面有美感、日常饮食可以借鉴的、账号持续输出优质内容。

（11）什么情况下点赞：比期望值高、特别走心。

（12）什么情况下评论：激发了共鸣或产生争议。

（13）什么情况下取消关注：视频内容质量下滑、与预期不符、无更新、广告太多。

（14）用户其他特征：喜欢摄影、美妆，喜欢有质感、高颜值、有格调的物品。

> **课堂讨论：** 用户画像的作用是什么？通常可以使用什么方法进行用户画像？

2.3 短视频账号的分类及特点

我们所观看的短视频背后的主体可能是一夜爆红的素人，可能是在平台上已经有一定知名度的大 V，可能是想以短视频平台为宣传窗口的企业或品牌，也可能是经常为大众输出爆款内容的媒体……

不管短视频内容是什么，其背后主体的身份决定了短视频账号的定位。例如，如果主体是一个想一夜爆红的素人，那就要结合自己的特长，持续发布有爆款特点的视频；如果主体是想宣传品牌的企业，那就要在有趣的内容里尽量融入产品信息；如果主体是政务单位，那发布的视频就要与所做的政务相关，与日常宣传的基调保持一致。

根据不同的主体，短视频账号的类型主要分为以下几类。

2.3.1　个人号——达人孵化

由于短视频平台的推荐机制，即使是没有粉丝的账号，只要内容够好，也很容易一炮而红。在短视频平台上，一夜走红的素人不在少数，而这些人基本上都是从个人号做起的。

头部素人在内容创作上集中在才华、搞怪和高颜值方面，有非常强烈的 IP 形象。例如，技术流大咖"黑脸 V"靠创意玄幻的视频，吸引了 2000 多万的粉丝，获得了超高点赞，如图 2-18 所示；奶油小生费启鸣凭借自己的高颜值和温柔治愈，吸引了一大批女粉丝，如图 2-19 所示；"代古拉 k"利用甜美可爱的形象和动力十足的舞蹈，在抖音上迅速走红，如图 2-20 所示；"斯外戈"利用独具标识性的表情和搞笑动作，获得了千万粉丝，成为互动率超高的网红，如图 2-21 所示。

图 2-18　"黑脸 V"的个人号和短视频

图 2-19　费启鸣的个人号和短视频

图 2-20　"代古拉 k"的个人号和短视频

图 2-21　"斯外戈"的个人号和短视频

典型个人号分析如表 2-1 所示。

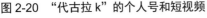

表 2-1 典型个人号分析

账号	标　签	热门视频关键词	形象价值点
黑脸 V	才华炉火纯青的神秘男子	创意、炫酷、正能量	正面评价比例高，无负面影响；吸粉能力强，黏性高；神秘、温暖、有才华
费启鸣	宛如初恋的大男孩	颜值、软萌、可爱	正面评价比例比较高；吸粉能力较强；可爱帅气、温柔治愈
代古拉 k	治愈系元气少女	颜值、舞蹈、笑容	正面评价比例较高；吸粉能力较强；笑容、活力、甜美可爱
斯外戈	表情丰富的搞怪男孩	搞笑、搞怪、表情丰富	正面评价比例较高；吸粉能力较强；搞怪、个性、表情丰富

小贴士： 相比微博和微信平台，素人在短视频平台上更容易走红。因此，如果自己在颜值或者才艺方面有比较突出的表现，就可以利用短视频平台尽情展现自我。

2.3.2　企业号——品牌宣传

目前，随着短视频的影响力越来越大，企业和品牌都纷纷入驻各大短视频平台，如小米、海底捞、美团、马蜂窝等都在短视频平台上拥有大批粉丝，使自己的产品获得了极大的曝光。同时，短视频平台也在不断加速商业化进程，购物车、快闪店、抖音小店的开通为企业带来了更多变现的可能。

在短视频平台企业官方账号中，支付宝和小米将营销玩得风生水起。

案例　企业账号通过短视频进行品牌宣传

支付宝通过明星、网红等热点人物的现场活动视频来吸引人们的关注，并通过讲段子的形式包装支付宝功能，通过情景剧介绍支付宝的用处，春节期间又发起了"支付宝全球锦鲤"活动，都取得了很不错的宣传效果。图 2-22 所示为支付宝抖音官方账号和所发布的短视频。

小米则是利用代言人推广小米系列产品，这些视频都获得了很高的点赞量。除此之外，一些日常情景剧形式的视频也非常有趣，如在办公室低调装酷，将手机直接准确扔到充电盘上的视频获得了几十万的点赞。图 2-23 所示为小米手机的抖音官方账号和所发布的短视频。

图 2-22 支付宝的企业号和短视频

图 2-23 小米手机的企业号和短视频

另外，抖音平台为了吸引更多的企业入驻，开通了蓝 V 认证功能。这样，企业或品牌就可以将抖音作为自我宣传的窗口，增加曝光率和知名度。

2.3.3 媒体号——融媒体的新路径

随着抖音的强势发展，很多媒体纷纷入驻短视频平台。人民日报、央视新闻等成为重量级的大号代表，一些自媒体也在上面积累了几百万的粉丝。这些媒体账号都用生动和接地气的形式记录与传达了社会中的正能量和美好事物。图 2-24 所示为抖音平台上的知名媒体号。

图 2-24 抖音平台上的知名媒体号

媒体号在短视频平台上有非常大的潜力，哪怕是区域性的媒体，只要内容够好、有传播性，照样可以做得风生水起。以前报社只能做纸媒，现在也可以做短视频，真正实现融媒体。

小贴士： 短视频平台已成为主流媒体信息传播的重要渠道，也为主流媒体移动化传播变革提供了丰富的实践经验和有益的借鉴。

2.3.4 政务号——舆论宣传

随着短视频获得人们的认可和喜爱，一批政府机构陆续入驻短视频平台，以短视频的形式传递社会正能量。与微博、微信等宣传方式不同，短视频平台为政务信息的传播提供了新方式。

2018 年 5 月，北京特警以 "北京 SWAT" 的账号名称入驻抖音，并发布了一条演示狙击射击、实战演习的视频，结果在短短不到 12 小时的时间里，就收获了 7 万条评论和 250 万个赞。随后，北京市公安局也入驻抖音，官方账号以 "平安北京" 命名，而且仅仅发布了一条警务处理的视频，就带来了超过 1200 万的播放量。像共青团中央和中国长安网（中央政法委官方新闻网站）等账号，目前的粉丝早已超过了百万。图 2-25 所示为抖音平台上的知名政务号。

图 2-25　抖音平台上的知名政务号

同时，不少政务号还与短视频平台进行合作，发起挑战活动，传播社会正能量。例如，"五一" 期间，共青团中央在抖音上发起了 "这是你的第几个劳动节" 的挑战活动，呼吁各个行业的劳动者记录下自己劳动的美好瞬间，当时有 18 万用户积极参与响应。

目前，越来越多的政务号入驻各大短视频平台，相信在短视频这种生动有趣的形式下，人们对政务号的关注也会越来越多。

小贴士： 一般政务类账号没有变现要求，只做舆论宣传。目前，公安类、军事类、宣传类、文旅类、共青团类政务账号已经比较普及。

2.3.5　电商号——销售转化

2018 年 12 月,抖音平台的购物车功能正式上线,符合要求的账号可以利用短视频分享其电商平台的商品,其中涵盖商品橱窗、视频购物车、直播购物车三大功能,这就意味着红人和企业可以利用抖音平台高效变现了。

图 2-26 所示为抖音平台上的某电商号,所发布的短视频几乎全部是展示介绍其所售卖的商品的短视频,在该账号的商品橱窗中可以看到在售的商品列表,点击某个商品即可进入该商品详情页面,用户可以直接进行商品的购买。

图 2-26　抖音平台上的某电商号及其橱窗中售卖的商品

目前,淘宝的流量基本都被各类目的头部商家和权重高的商家占据,一些小商家要想提高销量,就必须花钱参加淘宝的各种推广活动。在这种情况下,购物车功能的加入,为各淘宝商家带来了一条新的引流路径,因此很多店铺纷纷入驻短视频平台,全力打造自己的短视频电商号。

随着短视频平台的发展和变现需求的增大,已经对一批优质的电商类账号加以扶持。无论是美妆、服装类产品,还是更具体细分的领域,都可以在短视频平台上寻找到适合自己的变现方式,其中电商号是最常见、最直接的途径。

2.3.6　地域号——衣食住行吃喝玩乐

一般来说,做区域类的短视频账号,或者说是本地化的账号,相对其他类型的账号来说,更容易变现。因为对于区域类的短视频账号来说。有非常多的商家(涉及餐饮、旅游、娱乐等)愿意来买单。就像曾经的本地公众号在全国也是遍地开花,只要是带上"吃、喝、玩、乐"这些关键字的,变现能力都非常不错。

> **案例**　美食地域号,专注当地吃喝玩乐

有一个"饭饭吃西安"的短视频号,就是将西安各美食店的各种招牌菜品或新

品拍成诱人的视频，然后配上生动的解说，每个视频里都有店面的具体地址，粉丝看到之后想吃的都可以去打卡。

图 2-27 所示为"饭饭吃西安"的地域号和相关短视频。

图 2-27 "饭饭吃西安"的地域号和相关短视频

虽然这种本地号可能看起来粉丝数并不是很多，但是由于只针对本地，所以相对精准，变现能力也就比较强，甚至有的粉丝会寻找视频里的每一种食物，做到每个网红店必打卡。

2.3.7 行业号——各领域进一步垂直细分

随着短视频的进一步发展，各个领域越来越细分，一些行业号也多了起来。例如，创业领域里的"创业找崔磊""创业者课堂"，都是做得比较出色的账号；母婴领域里有"年糕妈妈""育儿小百科"；培训领域里有"卓艺声乐教育""西安品诺小吃培训"；美食领域里有"办公室小野""野食小哥"；宠物领域里有"会说话的刘二豆""金毛蛋黄"；游戏领域里有"蛋蛋解说""野生脆脆"等。图 2-28 所示为抖音平台上不同行业的知名行业号。

图 2-28 抖音平台上不同行业的知名行业号

无论处于哪个领域，这些账号都吸引了相应的粉丝。例如，宠物类账号的粉丝以女性为主，并且趋于低龄化；游戏类账号的粉丝群体主要是男性，从年龄上来说，18～24 岁的大学生群体占主流；美食类账号的粉丝往往都是女性和吃货等。

这些账号依靠优质的内容，逐渐成为各个领域的 KOL（关键意见领袖），无论是拍广告还是卖货，变现都不是难题。虽然在这个阶段要想成为超越他们的垂直领域号已不太容易，但是只要找到属于自己的细分领域，有一定的精准粉丝，也并不是不可以。

2.3.8　村镇号——文化生活

现在，一些村镇号的发展空间比较大，可以做文化，也可以做"文化＋生活"。尤其是对于组织建设比较薄弱的基层，可以将短视频平台作为一个载体，通过拍摄村里有趣的事情、正面的文化并发布到平台上，起到宣传村镇、加强组织建设的作用。

案例　**通过短视频平台宣传乡村美景**

婺源县旅发委开通短视频账号后，联合各大景区和一些自媒体人，将婺源的美景、民俗风情、人文故事等发布在短视频平台上，引起了不小的轰动，吸引了一大批游客。另外，婺源县旅发委官方账号自开通以来，坚持更新婺源的相关视频，获得了粉丝们的喜爱和好评。

图 2-29 所示为"中国最美的乡村 - 婺源"的官方账号和所发布的短视频。

图 2-29　"中国最美的乡村 - 婺源"的官方账号和相关短视频

2.3.9　高校号——学校的窗口

现在很多高校都在短视频平台上开通了账号，如今短视频平台已经成为高校重要的宣传渠道。浙江大学属于开通短视频账号比较早的学校，2018 年 6 月，就正式在抖音上线了。图 2-30 所示为浙江大学的官方账号和所发布的短视频。

图 2-30 浙江大学的官方账号和相关短视频

越来越多的高校开通了短视频账号，每个学校都将自己的校风、正能量通过视频的形式生动地展现出来，很受年轻人的喜爱。当然，现在的年轻人比较注重愉悦的体验，因此高校在运营官方账号时一定要注意，尽量采用生动、活泼、接地气的形式，而不是一本正经地说套话、老话。

🔖**课堂讨论**：说说你所关注的短视频账号都有哪些？列举1～2个短视频账号，简单说说其特点？

2.4 如何打造出色的短视频账号

短视频的内容是核心，但还有一个不能忽略的要素，就是短视频账号的打造。每个短视频平台都以时间长短来定义短视频，而作为短视频创作者，则要在被定义的时间内使用自己的创意征服观众，收割他们碎片化的时间和注意力。

2.4.1 垂直内容定位

不管是在媒体平台还是电商平台，能创作出好的内容才是最重要的。目前，短视频正处于火爆发展时期，只有发布优质的内容才是账号持久立足的关键。那到底什么样的内容才会受欢迎，怎样才能使自己的账号持续被粉丝们喜爱呢？在做短视频之前，需要从以下两个方面进行考虑。

1. 做自己擅长的内容

在做短视频之前，一定要弄清楚自己到底擅长什么。选择自己擅长的领域，一是更容易成功，二是遇到问题后能及时化解消极情绪，因为擅长和喜欢才能让自己坚持下去。

凡是粉丝已经达到一定程度的红人，做的都是自己擅长的领域，例如"李子柒"

是做天然美食的，"摩登兄弟"是做音乐的。这些人做的都是自己擅长的事，相较而言也容易出成绩，且更容易做出自己的特色。图 2-31 所示为"李子柒"官方账号和所发布的美食短视频。

图 2-31　"李子柒"的官方账号和相关美食短视频

在不知道自己擅长做什么时，可以从以下 3 个方面来问自己。

（1）能让你废寝忘食、全身投入的事情是什么？

（2）你做哪方面的事情受到的赞扬最多？

（3）哪些方面的技能你比别人学得快、比别人更精通？

只有先找到自己的专长，才能做出比别人优秀的内容，所有的成功都是基于自己感兴趣且擅长的领域。

2. 更垂直、更有差异

无论做什么事情，切忌跟风、什么都做，最好选一个垂直方向进行深耕。内容是流量的血液，内容越垂直，粉丝越精准。

🔖 小贴士：经粗略分析，原创短视频的内容包括但不限于：军事、演艺、化妆、模仿、中国文化、聚会、颜值、段子、二次元、自制音乐 MV、舞蹈、游戏、萌宠、搭配、偶像、教学、纪录片、知识、影视剧同步配音、美食 DIY、炫技、生活小窍门、萌娃、亲子、各种挑战、恶搞、旅行、情感、历史、健身 / 体育 / 瑜伽 / 减肥、相亲、时尚、购物、潮流、社交、科技、创意、调侃等。

在短视频平台上越垂直、目的越明确的账号，往往更容易变现。有些垂直领域虽然粉丝基数并不是很大，但是由于粉丝比较精准，反而黏性更强、变现能力更高。

另外，应尽量避开同质化内容，做出自己的特色。尽管在短视频平台上搬运内容也可以火，但是随着平台的不断完善和粉丝们对内容越来越严苛，具有特色和差异性的内容才会满足不断变化的粉丝需求。

例如，同样是萌宠账号，"会说话的刘二豆"是以猫为主，而"金毛蛋黄"则是以狗为主。哪怕是同样萌狗的账号，"金毛蛋黄"主要是靠金毛聪明贴心调皮的形象

来吸引粉丝，如图 2-32 所示，而"赵拉斯吃二狗"却凭借主人与狗粗犷互虐的形式，
赢得了众多粉丝的喜爱，图 2-33 所示。

图 2-32 "金毛蛋黄"的短视频截图　　　　图 2-33 "赵拉斯吃二狗"的短视频截图

无论是什么样的内容，归根到底拼的是创作者的才华，宠物也好、美食也罢，
关键在于背后的创作者要善于发现创意和洞察人们的心理。所以，最终还是要靠内
容创作者找准自己擅长的领域并做出自己的创意。

2.4.2 明确目标和需求

清楚了自己擅长的领域和想做哪方面的垂直内容之后，还应该知道自己的最终
目标是什么，是为了卖产品直接变现，还是为了积攒人气成为红人，抑或只是作为
一个品牌的宣传窗口。虽然有时候这几个目标可以同时追求，但是在具体的运营过
程中，侧重点会有所不同。

不同的主体会有不同的目标，如电商类账号是为了卖货，红人类账号是为了出名，
媒体和政务类账号则是宣传和发声的窗口。不同的主体和目标决定了产出内容的方
向和形式。那么，具体每种账号应该从哪些方面入手呢？

1. 销售产品——直接表明身份

如果做短视频账号的主要目的是营销或直接卖货，那么，在定位上最好简单明了，
直接表明自己的身份。

案例　通过企业官方账号直接宣传产品

例如，宝马中国的官方账号为的就是宣传宝马汽车，所有的视频内容都是围绕
宝马汽车进行的，粉丝们也能接受。目的越直接，粉丝们就越明白你的用意，变现
率也就相对较高。

图 2-34 所示为"宝马中国"的官方账号和相关短视频。

图 2-34　"宝马中国"的官方账号和相关短视频

2. 成为网红——打造知名度

有些人入驻短视频平台只是为了出名，像有些靠音乐或舞蹈吸引粉丝的达人，走的就是红人路线。这种红人类账号的打造，一般就是最大化地展现自己的才艺。

案例　**通过才艺展示成为网红**

抖音平台上的"M 哥"，凭借高超的翻唱才能被人们关注，除了发布视频内容外，"M 哥"最拿手的是做直播，在直播间里粉丝可以点自己想听的歌。就这样，"M 哥"凭借自己独特的嗓音和唱歌技巧，收获了上千万的粉丝。

图 2-35 所示为"M 哥"的抖音账号和相关短视频。

图 2-35　"M 哥"的抖音账号和相关短视频

实用技能和知识类网红也是如此，只要将自己最专业和擅长的一面展现出来，就能获得粉丝们的关注和欣赏。

3. 宣传窗口——传播美好和正能量

对于一些媒体号、政务号和高校号，其注册短视频平台主要是用于对外宣传，这类账号只要发布日常工作中感人的瞬间、激发美好和正能量的内容，一般都会获得粉丝的点赞。这类账号重在引导社会舆论，所以千万不能随便传播不当的内容，一定要记得自己的立场和身份，不然会导致十分严重的后果。

小贴士： 做短视频的最终目的决定了运营短视频平台的具体路径，所以在做短视频之前一定要知道自己最想要什么、要达到什么样的目标，然后根据目标分解具体的操作步骤。无论是展现才艺，还是销售产品或传播正能量，所有的行动都要围绕最终目标进行。

2.4.3　明确粉丝需求

在定位方面，除了要考虑主体、目的、方向之外，还要定位好目标人群，明确粉丝的需求。只有明确粉丝的需求，才能生产出受粉丝欢迎的内容。在互联网时代，每一位内容生产者都应该具备用户思维，将用户的需求和体验放在第一位，具体可以从以下两个方面着手。

1. 做好目标人群分析

在分析目标人群时，可以从年龄、性别、地域等方面入手。假如想做一个电商类的短视频账号，那就要明白购买这类商品的人群是谁，他们具备什么特征、有什么消费需求。

在分析人群特征时，可以利用相关的分析软件，如在"热浪数据"网站上参考同类账号的粉丝群特征。

2. 挖掘粉丝需求，解决粉丝难题

无论是何种账号，都要明白你的粉丝为什么会关注你，他们想从你这里寻求什么。例如，音乐类账号可以舒缓心情、找到共鸣，搞笑视频类账号可以缓解压力，萌宠类账号能起到治愈作用，实用技能类账号可以学到技能、解决难题，而一些垂直领域类的专业知识账号则可以学到知识、增长见识。所以，各类账号的粉丝都是抱着某些目的而来的。

案例　满足用户需求，获得用户关注

一个名为"丁小猪的妈妈"的账号，就是在发现了孩子们不好好吃早餐，家长苦于不知道早餐做什么的情况下开通的，账号的每一个视频里都是颜色鲜亮、看起来颇有食欲的儿童早餐。

一开始，她只是上传儿子享用一桌丰盛早餐的视频，后来应广大粉丝要求，开始将制作美食的过程传授给大家。而且她还时不时上传一些与儿子温情互动的内容，很受粉丝们的喜欢，账号涨粉的速度非常快。

图 2-36 所示为"丁小猪的妈妈"的抖音账号和相关短视频。

图 2-36　"丁小猪的妈妈"的抖音账号和相关短视频

2.4.4　竞品分析

在做短视频账号之前，一定要研究同类型账号，看看它们有什么特点，哪些方面可以借鉴，这个市场里还有什么可挖掘的空间，等等。只有对这些方面进行过分析，才能"知己知彼，百战不殆"。

那么，研究竞品时该从哪几个方面入手呢？

1. 找出同类型头部账号，挖掘市场空间

在做短视频账号之前，可以在短视频平台上对各类垂直领域账号进行分析，看看目前这个领域里有哪些账号做得比较好，哪些细分方向还有市场空间。如果不确定自己选的方向是否正确，那么可以利用关键词的方式搜索，看看这个方向是否有人在做，然后分析这个方向为什么没有出现头部账号，如果自己做的话能不能克服这些困难。

如果做与头部账号相似的方向，要考虑能不能比对方做得更优秀，自己的特色又在哪里。

2. 分析优质账号，学习、借鉴其长处

确定了自己的具体方向后，就可以专门对那些优质账号进行研究，看看它们到底为什么能够积累这么多粉丝，是因为定位准确还是因为视频内容吸引人。

案例　**分析并学习优秀短视频账号**

短视频账号"慧慧周"，一开始就是分析"黑脸Ｖ"的账号，然后做了相似的内容，在此基础之上，又开通了讲解技术流视频拍摄的小号，最后粉丝竟然反超大号。

图 2-37 所示为"慧慧周"的短视频账号和相关特效短视频。

图 2-37 "慧慧周"的抖音账号和相关特效短视频

3. 研究爆款短视频，总结爆红原因

每打开一个短视频达人的账号，都能在里面看到某些点赞量很高的视频。例如，抖音上有一个名为"波波爱姨"的账号，其每一条视频的点赞量都很高，所以涨粉速度十分迅速。通过研究其视频发现，这个账号是一个男孩子反串长沙阿姨的形象，对生活中的中老年阿姨进行惟妙惟肖的模仿，使人们看完后瞬间觉得确实是这么回事，立即有分享给自己妈妈的冲动，如图 2-38 所示。

图 2-38 "波波爱姨"的抖音账号和相关特效短视频

4. 研究点赞量一般的视频，分析失败原因

不仅要研究爆款视频，还要研究点赞量一般的视频，分析其不受欢迎的原因，然后将这些原因归纳总结，以防自己真正操作时犯同样的错误。

5. 观看其他类账号的爆款视频，看是否可以借鉴

既然自己将成为短视频的内容生产者，那肯定就要对短视频平台上的内容有所熟悉。所以，除了关注同类账号的短视频外，还应该观看并研究其他类账号的

爆款视频，看看有什么搞笑的"梗"可以借鉴，当下流行什么元素，是否可以进行合作等。

研究完同类账号的短视频之后，基本上就知道自己该做哪方面的账号，以及怎么做这个账号了。另外，除了在做短视频账号之前研究竞品外，我们真正运营起账号后也要时刻关注同行，学习其长处和吸取其教训。

2.4.5　打造人设定位

做好前面所说的各种定位之后，还要考虑到底想在粉丝心目中留下一个什么样的形象。短视频平台中的人设，其实就是我们的个人品牌。例如，你想看有意思的办公室饮食，最先想到的就是"办公室小野"；你想看搞笑的吐槽类视频，无疑想到的是"papi 酱"。

好的人设自带流量，能使有价值的内容快速传播，且更易聚集高度认可自己的粉丝，从而使内容传播形成裂变。在正式运营短视频账号之前和创作内容的初期阶段，一定要注重人设的打造和人物形象的不断深化，形成具有辨识性的人物标签。

🔨 **小贴士：** 人设是在与粉丝互动的过程中迅速形成的一种记忆符号，是人物身上的各种信息浓缩成的一种标签。目前，短视频平台用户的注意力极度缺失，如果没有强烈而鲜明的人物特征，人们很难记住某个账号，账号发布的内容也会淹没在千万条视频中。

那么，在短视频平台上走红的人设都具备哪些特征呢？

1. 简单直接，扁平化

在用秒来衡量内容时间的短视频平台上，用户根本没有心思去仔细解读任何一个人，也没有耐心在风格多变的短视频大海里分辨和挑选内容，他们喜欢观看让人不费脑力的视频，也更偏爱简单直接、扁平化的标签。在直白标签的指引下，用户的判断时间和精力成本大大降低了。

案例　"多余和毛毛姐"打造简单直接的人设

在"多余和毛毛姐"的视频里，看到的是戴着橙色假发、用夸张的风格表演的形象，这种形象具有强烈的辨识度，让观众的大脑形成有效的记忆。在红了之后，"多余和毛毛姐"的视频里仍维持这种形象，进一步深化了粉丝的认知。

图 2-39 所示为"多余和毛毛姐"的抖音账号和相关短视频。

2. 独特的形象

短视频内容种类繁杂，用户素质参差不齐，独特的形象可以加深用户的印象并更容易被接受。例如，"多余和毛毛姐"的口音、语气、动作、外形，传达的是一种接地气的人物形象，从而与人们拉近了距离，满足了人们的心理需求。又如费启鸣干净治愈的形象、呆萌可爱的气质，让他获得了很多女粉丝的追捧。

图 2-39　"多余和毛毛姐"的抖音账号和相关短视频

3. 夸张的风格

手机是竖屏播放的，这就导致视频里人的面部特征会被放大，观众的注意力更多集中在人的脸上。因此，短视频平台上颜值比较高的人很容易涨粉，而颜值低到一定程度的人也能被记住，但是对于长相一般的人就没有太多的优势。这时，可以通过夸张的动作、装扮、表演来吸引粉丝的注意力。

4. 是一个有价值的人

这里说的有价值，是指满足了人们的某种心理需求，如毒舌搞笑类的内容让人开心解压、萌宠类的内容让人治愈、漂亮的男孩女孩让人觉得养眼、新奇的内容满足了人们的好奇心。总之，要让粉丝在看完视频之后觉得有价值，有持续关注的必要。

5. 有口头禅

很多已拥有几百万粉丝的大号在打造短视频账号初期，都会在开头或结尾加一句口头禅。例如，"无聊的知识"每次在视频开始前会说上句"无聊的知识"，在视频结束时会说上句"无聊的知识又增加了"。具有标志性的口头禅，可以有效加深印象，如图 2-40 所示。

图 2-40　"无聊的知识"的抖音账号和相关短视频

小贴士：短视频用户整体上比较年轻，思维比较活跃，接受新事物和新观点的能力强，因此，不怕搞怪夸张有特点，就怕平庸到没有人关注。在打造自己的人设时，应尽量大胆创新，且与自我风格相一致。

案例 "鱼太闲"账号定位分析

"享受这一刻的小确闲""躺平是为了下一次的打挺""鱼生在世，闲一时，支棱一时""海里又没地种，别给自己太多鸭梨"，这些网友让直呼"安监控"的经典语句，都出自"鱼太闲"之口。

图 2-41 所示为"鱼太闲"的形象设定，头顶莲花、两眼泛白、腰系"闲"字、脚穿十字拖，从上到下、从内到外都透着慵懒和不屑。就是这样独特的"鱼太闲"，在全网狂揽近 500 万粉丝，单支视频播放量超 7000w，快手、抖音等热榜频现他霸榜的身影！这些成绩的背后，离不开主创们深挖年轻人真实情绪、认真钻研内容以及不忘打造 IP 的初心。

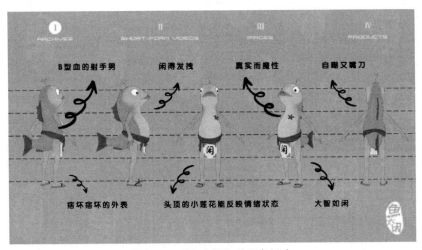

图 2-41 "鱼太闲"的形象设定

1. "鱼太闲"是我们想要成为的自己

在被问到创作初衷时，主创这样说："一开始，我们想要做一个不一样的东西，我们认为做出差异化、做出不同，才是在市场中脱颖而出的关键。鱼太闲在性格设计上，倾注了我们的希望——我们希望鱼太闲能代表我们自己，或者说，鱼太闲是我们想要成为的自己。"

从"鱼太闲"的视频中可以感受到，他不是简单依靠独特外形获得粉丝喜爱的 IP，他有自己的朋友、故事，甚至思考方式和为人处世准则。所以，与其说"鱼太闲"是一条鱼，不如说他是当代年轻人的"自我投射"。图 2-42 所示为"鱼太闲"的抖音账号和相关短视频。

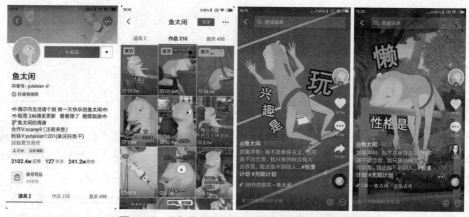

图 2-42 "鱼太闲"的抖音账号和相关短视频

他是生活在人类社会中的一条闲鱼，喜欢赖床、追剧、吃零食；或慵懒地躺着，或老僧入定般坐着，或优哉游哉骑着自行车，或边泡澡边用 0.5 倍的语速吐出生活的"真相"。正是这样情绪复杂、真实又尽显当代年轻人心理变化的鱼太闲，快速吸引了一批真爱粉。

在"抖音"平台中，"鱼太闲"5 月发布的"你步入初老状态了么"，6 月发布的"高考前后的变化"，以及 7 月发布的"三伏千万不要顾涌"，在一众"笑死""我的现状""把装在我家的摄像头拆了"等评论中，相继冲上抖音上升热点、热榜 TOP2 与挑战榜 TOP15。图 2-43 所示为"鱼太闲"的相关短视频截图。

图 2-43 "鱼太闲"发布的相关短视频

在微信视频号，"三伏千万不要顾涌"获得 1 万多的点赞数量与 1.4 万多的转发数量，如图 2-44 所示。视频号完整闭环的生态系统以及强社交属性，让鱼太闲冲破次元壁，"顾涌"在了朋友圈中。

🖊 **小贴士：**"鱼太闲"用一次又一次的高热度视频证实了自己与用户的高契

合度，证实了它是属于成年人的原创IP，是部分当代年轻人的化身，代表着众多的"我们"。

图 2-44 短视频的点赞与转发数量

"鱼太闲"时而自嘲，时而孤独，时而懒散，时而迷茫，时而上进，这些复杂的情绪混合起来，颇有种"我emo了"的感觉。但在价值观的输出上，主创们则坚持"闲一时，支棱一时；躺平，是为了下一次的打挺！"的主张。

与"丧文化"不同的是，"鱼太闲"虽然外表看起来懒洋洋、语调也慢条斯理，但用户给出的反馈常常是"被鱼太闲治愈了"。正是这样拥有独特"鱼格"魅力的鱼太闲，在各个平台疯狂吸粉。

2. 从用户出发，让"鱼太闲"的生命力更长

在"鱼太闲"的策划阶段，团队就已经考虑到了市场，考虑到了用户画像，考虑到了自身的能力，才做了"鱼太闲"的内容和人设。

在内容制作上，"鱼太闲"的视频内容精准地抓住了当代年轻人的情绪，赢得了他们发自内心的认同，这为"鱼太闲"在受众中获得熟悉度与好感度奠定了重要基础。同时，主创团队紧跟潮流，将"鱼式思维"与当下重要时间节点或社会痛点事件相结合，形成了具有"鱼太闲"特色的段子。图2-45所示为"鱼太闲"相关短视频的评论内容。

图 2-45 "鱼太闲"相关短视频的评论内容

在粉丝画像上，团队瞄准"高知又高品，颜控爱花钱"的Z世代人群，以职场、情感、生活3类内容全面覆盖受众兴趣点，以搞笑为基调引发共鸣，提升IP认知度。在粉丝互动上，"鱼太闲"有自己的微信、朋友圈，也有供粉丝聊天发泄的粉丝群，也会在群里随时和粉丝互动，所以"鱼太闲"和粉丝相处模式就像是朋友一

样。而且群内的交流和评论区的留言，都给"鱼太闲"的内容制作注入灵感并提供素材，反哺IP的成长，也让IP更被粉丝认同。

相信这样一个拥有独立人格、三观与社交圈的动漫IP，在持续输出创意内容与精准抓住用户心理的情况下，将拥有更持久的生命力！

3."鱼太闲"的商业化之路

打造IP与IP变现是一条漫长的道路，但是"鱼太闲"的"强内容、强互动、强联系"特性，为它的未来发展之路奠定了良好的基础。

从已促成的品牌合作来看，团队采用"9000岁情绪营销"的新玩法正中痛点。基于粉丝画像、受众兴趣点与共鸣点，联动多平台输出高质量视频，让品牌迅速"扩列"，深入目标受众的内心。图2-46所示为在短视频中置入商业广告。

图2-46　在短视频中置入商业广告

但是"鱼太闲"主创表示，他们不希望IP的商业化道路局限于广告植入和定制口播视频，更不希望用过多的商业化伤害粉丝的信任。目前"鱼太闲"在视频号也只接了2条广告。

当然，做大做强的野心也存在于团队每位成员心中，他们期待有一天不论走到哪里，都能看到各种奇形怪状的"鱼太闲"。因此，在商业化道路上，团队正在对短视频场景升级，希望与品牌达成授权合作、周边衍生品合作，让品牌可根据短视频场景和人设软植入广告。同时，团队也在摸索和筹备剧情番剧、游戏等，让"鱼太闲"的形象以更加丰富多样的形式出现在大家面前。

随着"鱼太闲"IP的逐步成熟，越来越多的粉丝认同"鱼太闲"、沉浸于"鱼式解压"、愿意用"鱼太闲"来代表自己时，"鱼太闲"IP的影响力更会不言而喻。未来，我们也会看到厚唇白眼、四肢修长的"鱼太闲"以各种形态出现在我们的生活里，可能是"鱼太闲"的周边，可能是年轻人追捧的潮玩，也可能是出漫画或游戏等。

IP成长至今，"鱼太闲"已经拥有了相对完整独立的人设与世界观，它如同我们每个人一样，拥有自己的朋友、烦恼和开心事。也正是这样完整有活力的鱼，在未来向纵深发展的路上将被赋予更多的可能。

课堂讨论： 出色的短视频账号应该如何定位？短视频内容应该注意哪些方面？

2.5　短视频账号设置

在人际交往中，名片是一个能快速促进双方了解的媒介，也是双方进行自身推广的媒介。在互联网环境中，在运营平台上进行巧妙设计，打造出一张吸精名片同样很重要。本节就以抖音为例，从短视频平台的基础信息设计和发布短视频内容的信息设置出发，介绍打造短视频账号名片的方法。

🖈 **小贴士**：App 版本更新速度较快，并且通常都是自动更新，本节所讲解的抖音平台账号的相关设置操作，是以 2021 年 8 月 15 日之前版本为例进行讲解的。如果抖音 App 进行了版本的更新，则本节所讲解的账号设置操作可能存在差异。

2.5.1　账号注册

一般来说，在一些 App 登录之后就表示用户注册成功了，"抖音短视频"App 就是如此。图 2-47 所示为"抖音短视频"App 的登录界面。

从登录界面中可以看出，用户可以通过多种方式注册并登录抖音平台。具体说来，按其途径来分主要有 3 种，即手机号登录、第三方平台账号登录和密码登录。其中，抖音账号默认的登录界面即为手机号登录界面。

点击"其他方式登录"选项，在界面底部显示第三方平台账号登录选项，包括今日头条、QQ、微信和微博 4 种，如图 2-48 所示。

另外，要想注册并登录抖音账号，还可以通过密码登录的方式来完成操作。在默认的登录界面中点击"密码登录"选项，即可切换到密码登录界面，如图 2-49 所示。利用这种方式进行注册并登录，用户需要输入手机号和密码的方式进行登录操作，如果忘记了注册时的登录密码，可以利用找回密码的方式重新设置密码。

图 2-47　默认登录界面　　图 2-48　第三方平台登录选项　图 2-49　账号密码登录界面

小贴士： 3种抖音账号注册与登录方式，各有其优势，如利用手机号登录和第三方平台账号登录，运营者可以找到与之相关的好友——手机号登录找到通讯录好友、微信登录找到微信好友。

2.5.2 账号名称

对运营者来说，账号名称是让用户搜索到你的依据。因此，在进行设置时必须掌握一定的技巧，以便提升自身账号的曝光度和关注度。然而，在考虑设置怎样的账号名称时首先还是需要知道如何去设置和操作。

在抖音App的底部工具栏中点击"我"，进入账号管理界面，如图2-50所示；点击"编辑资料"按钮，进入"编辑资料"界面，点击"名字"选项，如图2-51所示；进入"修改名字"界面，重新输入想要的名称（字数控制在20字以内），修改完成后，点击"保存"按钮，如图2-52所示，即可完成抖音账号名称的修改设置。

图2-50 进入"我"界面　　图2-51 点击"名字"选项　　图2-52 修改账号名称

而关于设置怎样的账号名称，应该结合用户和自身账号特色。在短视频平台上，用户多是年轻的一代，他们往往更追求个性化。各种各样的花式昵称就是这一群体特征在短视频平台上的重要体现。相对于微信公众号、头条号等平台账号而言，短视频账号名称的设置明显不拘一格。

下面以一些比较典型的短视频账号名称为例，介绍一些账号名称设置的技巧和方法。

（1）展现账号及其内容的个性属性的，如可爱、刚强、理性等。图2-53所示的名称就是展现账号的可爱个性特征的。这一类账号恰好与平台的萌属性相结合。

（2）能体现账号独特性，或文艺，或简洁，或二次元等。图2-54所示的名称就能够展现账号独特的个性。

（3）各种花式名称，这样的名称大都是受日常所听、所见和所思、所想的启发而设置的。如"刚好遇见你""可能是个假 Buff""薯条遇上番茄酱"等，一般很难找到其设置方法和规律。当然，这样的账号名称也是不易与别人重复的。

（4）在短视频平台上，还有一种账号名称也经常可见，其目的是提升亲切感和熟悉感，引导用户关注。这样的账号名称如"对方是你微信好友""对方是你电话联系人""对方是您多年不见的老同学""你是她好友""@对方已关注你""对方是你通讯好友"等。更重要的是，这样的名称往往被很多人使用，只要一搜索，就能得出很多相同结果，如图 2-55 所示。

图 2-53　可爱个性的名称

图 2-54　独特个性的名称

图 2-55　相同的名称

小贴士： 这样的方法确实能够提升亲切感和熟悉感，拉近双方距离，但是随着短视频的发展，平台用户逐渐增多，该方法已经被很多人使用，想要凭借它增加曝光度的难度也越来越大。

（5）沿用自身其他平台账号名称。这是自媒体人常用的方法，其目的是提升知名度，利用短视频进一步吸引粉丝。

上面介绍了一些个人抖音账号名称的设置方法，而关于企业、机构、商家等抖音账号，要想在取名上提升曝光度，除了已经在其他平台有了一定名气的、比较有个性的名称，可以继续沿用在短视频平台上外，最好还是采取比较稳妥的方法来进行设置和运营，举例介绍如下。

（1）融入机构或企业名称、属性等。这样的短视频号有"平安杭州""支付宝""人民日报"等。有时为了契合平台调性，运营者还可以考虑在机构或企业名称外添加一些有趣味性的词汇。

（2）融入表示行业、职业等的关键词。这样的抖音账号有"手机摄影构图大全""某某服饰""美食公馆"等。

账号名称命名的原则是：好听、好记、好找，切记不要有生僻字。以下介绍账号命名的思路。

（1）简洁易记。在大多数情况下，账号名应该足够简洁，避免生僻的词汇和发音，避免复杂的拼写，以便于记忆和书写。这不仅容易让用户记住，也利于后期的品牌植入和推广。例如，美食栏目"一条"是一个主打生活类的短视频，以每天一条的节奏发布原创短视频，其账号名笔画简单、容易记忆，如图 2-56 所示。

（2）谐音命名。短视频账号数量庞大，想要在众多账号中脱颖而出、让用户记得住，就得起一个有创意的、容易引起用户联想的名字。最常见的方式是通过谐音来命名。例如，拥有 2000 多万粉丝的 IP "七舅脑爷"，该账号除了内容有新意、情节充满悬念外，名字也很容易记忆，让人想起谐音"七舅姥爷"，如图 2-57 所示。

图 2-56　简洁易记的名称　　　图 2-57　以谐音命名

（3）关键词定位。账号命名和起标题一样，可以引入关键词。关键词提示了账号的内容方向，可以是地域，也可以是领域。例如，"野食小哥""贫穷料理"提示了短视频的内容与美食相关；"二十吃垮成都"很容易圈粉对成都小吃没有抵抗力的用户，如图 2-58 所示。

（4）以数字命名。古希腊哲学家毕达哥拉斯（Pythagoras）认为"数是万物的本质，数字有很奇妙的能量"。很多自媒体会巧妙地运用数字来命名，不仅能吸引用户的注意，而且能强调数字所传递的概念。例如，基于微信公众号的读书分享自媒体"十点读书"，如图 2-59 所示。

图 2-58　关键词定位命名　　　图 2-59　以数字命名

起好账号名称之后，要核查所起的名称是否已经被注册，避免日后出现麻烦。

2.5.3　账号头像

头像在一定程度上代表了短视频账号的形象，是账号用来吸引用户的主要元素，它能在第一时间给用户留下深刻印象，吸引众多用户关注。因此，在设置账号头像时一定要注意。

想要修改默认的抖音账号头像，其操作是非常简单的，可以在"我"界面通过两种方式进入"编辑个人资料"界面进行修改，具体操作如下。

（1）在抖音 App 中的"我"界面中，直接点击默认头像图片，在界面底部显示相应的头像图片编辑选项，如图 2-60 所示。

（2）在"我"界面中点击"编辑资料"按钮，进入"编辑资料"界面，点击上方的"点击更换头像"选项，即可弹出相应的菜单选项，提供了设置账号头像图片的两种方法，即"拍　张"和"从相册选择"，如图 2-61 所示。可以选择一种方式设置账号的头像。

图 2-60　弹出头像编辑选项

图 2-61　弹出头像编辑选项

头像是辨识账号的一个主要标准。用户打开一个短视频账号，吸引他人进入的方式除了内容外就是头像了。选取头像要符合两个原则：符合身份特征和图像清晰美观。

常见的账号头像有以下几种类型。

（1）使用真人头像。真人头像可以让用户直观地看到人物的形象，拉近心理距离。例如，悬疑情感短视频账号"七舅脑爷"，以及段子女王"papi 酱"和游戏解说"蛋蛋解说"，这些账号都使用了真人头像，有助于个人 IP 的打造。图 2-62 所示为使用真人照片作为头像。

（2）图文 Logo 头像。用图文 Logo 做头像可以明确短视频的内容方向，有利于强化品牌形象。以"秋叶 Word"为例，作为在线教育领域非常有影响力的 Word 课程，这种图文形式非常直观，有力地强化了秋叶 Word 的品牌形象。图 2-63 所示为使用 Logo 作为头像。

图 2-62　使用真人照片作为头像

图 2-63　使用 Logo 作为头像

（3）使用短视频的动画角色作头像。用短视频中的动画角色作头像，有助于强化角色形象。例如"一禅小和尚"，主人公一禅是一个聪明可爱的小男孩。一禅因为被阿斗老和尚捡到并收养，所以自小在庙里当和尚。一禅喜欢问师傅问题，每次师傅都会讲出一些道理，帮助一禅成长。这些场景就形成了"一禅小和尚"这个账号的主要内容。又如"萌芽熊"也是使用动画角色作头像的。图 2-64 所示就是这两个账号的头像。

（4）使用账号名作头像。直接使用账号名称的文字作头像，背景为纯色，突出了字体，很直观，能够强化账号 IP。图 2-65 所示就是直接使用账号名称作为头像。

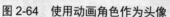

图 2-64　使用动画角色作为头像

图 2-65　使用账号名称作为头像

（5）使用卡通头像。使用卡通头像即选取一个和自己账号的内容方向相符的卡通形象作头像，例如"软软大测评"和"尊宝爸爸"，其头像的卡通形象符合短视频搞怪、俏皮的风格，如图 2-66 所示。

图 2-66　使用卡通形象作为头像

　小贴士：账号头像确定之后，一般情况下就不要再进行修改了。当然，如果出现了新的更有价值的内容，当企业或机构更换了名称、Logo 等，就可能需要更换短视频账号的头像了。

2.5.4　账号简介

在抖音平台上，设置账号简介的方法与设置名称的方法类似，即在"编辑资料"界面，点击"简介"选项，如图 2-67 所示。进入"修改简介"界面，在选项区中输入简介内容，修改完成后，点击"保存"按钮，如图 2-68 所示，即可完成账号简介的修改设置。

图 2-67　点击"简介"选项　　　　图 2-68　输入简介内容

账号简介是用户注意到你之后，在了解的过程中决定是否关注的关键因素。一般来说，账号简介必须具有个性。下面简单介绍一些账号简介设置方法和注意事项。

（1）设置账号简介的首要目的就是介绍自己，让用户了解并关注。因此，在设置时有必要介绍账号的特色、作用、领域等，这也是机构、企业、商家和一些自媒体人经常使用的方法，如图 2-69 所示。有时为了促使更多用户关注，可以加引导关注的话语，如图 2-70 所示。

当然，有时机构、企业、商家和一些自媒体人在介绍自己时，也会采用别具一格的方法，如"中国联通客服"的账号签名就很有特色，如图 2-71 所示。

（2）在设置账号简介时还可表示自身看法、观点和感悟等，如图 2-72 所示。这是个人账号经常使用的方法，这样的签名能充分展示个性，让用户了解自己。

图 2-69　介绍账号　　图 2-70　加入引导　　图 2-71　富有特色的　　图 2-72　加入生活
　　　　　特色　　　　　　　　关注　　　　　　　　简介　　　　　　　　感悟

（3）在设置账号简介时，最好不要出现"微信""微博"等词。如果需要引导关注微信、微博的，可以采用与"微信""微博"相近的同音词或字母代替，如"围脖""wx"等。

2.5.5 账号认证

对广大用户来说，网络上的信息总是充满不真实的感觉，让人产生怀疑，这对于要引导用户关注的运营者来说，是极其不利的。为了更好地解决这一问题，很多平台推出了各种认证功能来增加平台账号的可信任度。

在抖音 App 中的"我"界面点击右上角的菜单图标，在弹出菜单中点击"设置"选项，如图 2-73 所示，进入"设置"界面，在该界面中点击"账号与安全"选项，如图 2-74 所示，进入"账号与安全"界面，在该界面中可以通过"实名认证"和"申请官方认证"来完成相关的账号认证操作，如图 2-75 所示。

图 2-73　点击"设置"选项　　图 2-74　"设置"界面　　图 2-75　"账号与安全"界面

其中，"实名认证"指的是对账号拥有者的真实身份进行认证。图 2-76 所示为"实名认证"界面，按照相关指示进行操作即可完成认证。

而"申请官方认证"就是注册抖音账号的用户让抖音官方承认个人、企业和机构资格的认证。在"账号与安全"界面中点击"申请官方认证"选项，进入"抖音官方认证"界面，在该界面中可以看到 3 种账号的认证方式，即个人认证、企业认证、机构认证和音乐人认证等，如图 2-77 所示。

根据账号的需要点击相应的认证方式，然后按照该界面上提示的认证步骤和提供的示例进行操作，即可完成账号的认证操作。

图 2-76　"实名认证"界面

图 2-77　"抖音官方认证"界面

小贴士： 官方认证的实质就是对短视频账号的包装。经过官方认证的包装和设置，短视频账号在发布内容和运营推广方面明显会更有优势。而从运营结果来看，一个没有加"V"的账号和一个加"V"的账号，后者明显更有可能达到事半功倍的效果，加快短视频内容的推广与引流。

2.5.6　标题设置

短视频作为一种内容宣传方式，其标题的设置同样重要，特别是对短视频这类除了标题外没有太多文字说明的内容来说，更是如此，它是短视频自身思想传达的关键。可能有人会说，短视频内容中有足够的声音和动作起到表情达意的作用，标题的设置也就不那么重要了。真的是这样吗？

其实，短视频时长毕竟很短，要想完整而丰富地表达出短视频作者的思想内容，极有可能存在欠缺之处。在这样的情况下，利用点睛之笔设置一个优质的标题，能在很大程度上促进短视频内容的传播。

很多短视频只有背景音乐没有原声，此时设置标题已经成为必需的操作。图 2-78所示的短视频，通过对比的短视频标题设置，对自身品牌主题进行宣传。图 2-79 所示的短视频，通过疑问的方式来对短视频中的内容主题进行讲解，它们都清楚地体现了其所要表达的主题。

图 2-78　使用对比的短视频标题设置

图 2-79　使用疑问的短视频标题设置

2.5.7　其他设置

在抖音 App 的"发布"界面中，还可以对所发布的短视频的其他相关选项进行设置，包括"#话题""@好友""位置"等，这些都是提升短视频标题效果的重要技巧，经常被运用到标题设置中。

1. 话题

如果想要在标题中插入话题，可以点击"#添加话题"选项，此时标题编辑框中会出现"#"，然后输入关键词，页面上就会出现与关键词相关的话题，可以选择一个合适的话题，如图 2-80 所示，即可完成插入话题的操作。

一般来说，在标题中插入与视频内容相关的话题，如主题、领域、关键词等，都能提升短视频的推广效果。图 2-81 所示为在标题中添加了话题的短视频案例。

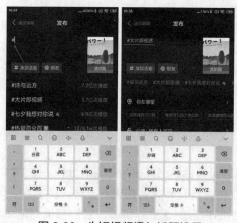

图 2-80　为短视频添加话题设置

图 2-81　在标题中添加了话题的短视频

2. @好友

在抖音 App 的"发布"界面中,点击"@好友"选项,在界面下方显示已经关注了的用户,可从其中选择一个"@好友"对象,如图 2-82 所示。

在标题中设置"@好友"是一个比较常用的促进短视频推广和提高关注度的方法。图 2-83 所示为在标题中添加了"@好友"的短视频案例。

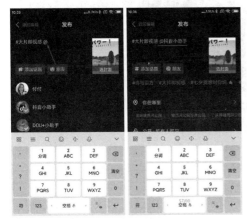

图 2-82　为短视频设置"@好友"

图 2-83　在标题中添加了"@好友"的短视频

📌 **小贴士**:选择"@好友"对象时,有两点需要注意:一是相关性,也就是说,"@好友"对象一定要与短视频有一定关联;二是"@好友"热度,应该选择那些粉丝比较多的用户,利用优质内容吸引对方关注,才有可能吸引"@好友"粉丝的关注。

3. 位置

在浏览短视频时,常常会发现在视频左下角的用户名称上方显示有位置信息,如图 2-84 所示。关于短视频的位置信息,同样可以在"发布"界面中进行设置,只需点击"你在哪里"选项下方的任意一个位置或者点击其右侧的按钮,进入相应界面进行选择即可,如图 2-85 所示。

为短视频内容添加位置信息,对于一些以地名为名称进行宣传或有地域特色的短视频(特别是一些旅游行业的短视频),是一种非常有效的提升知名度和唤起用户归属感的方法。

4. 谁可以看

在抖音 App 的"发布"界面中,可以选择短视频内容的分享范围。点击"公开所有人可见"选项,在界面底部的弹出菜单中可以选择短视频给谁看,如图 2-86 所示。

默认选择"公开"选项,让尽可能多的人看到,以便扩大短视频的传播和宣传范围,而不是利用"朋友"和"私密"来限制传播。

图 2-84　设置了位置信息的短视频

图 2-85　设置位置信息

图 2-86　选择分享范围

2.6　本章小结

　　短视频账号的创建与设置可以认为是运营短视频平台的第一步，账号定位可以简单理解为解决用户的心理需求。当用户有需求或是提到某个概念的时候，首先想到的就是你，那么说明你的账号定位是成功的。完成本章内容的学习，需要了解短视频账号定位和用户画像的相关知识，并理解不同类型短视频账号的特点和短视频账号的设置方法与技巧。

第3章 内容策划与运营

内容为王，对于运营者来说并不只是一句口号，而是需要在具体的平台运营过程中贯彻实施的。目前发展火热的短视频，其运营同样也离不开短视频内容的支持。本章从短视频内容的常见分类出发，介绍短视频选题、内容策划的技巧，同时对短视频内容的创作方法和技巧，以及短视频内容文字的撰写进行讲解。

3.1 内容的分类

运营短视频，能够胜出的人一定是内容高手，那么哪些类型的短视频内容最受欢迎呢？我们知道，在短视频平台的算法推荐机制中，点赞数是最核心的衡量标准，点赞数向我们透露的不仅是前台可见的一个核心数据，而且在某种程度上直接决定了内容的曝光率。

如果一个视频的点赞数比较高，相对来说它的内容就比较优质。我们总结出了用户最喜欢看的四大短视频内容类型，如表 3-1 所示，可以给大家做一个参考。

表 3-1 用户最喜欢看的四大短视频内容类型

类　　型	细　　分	关　键　词
美好生活类	高颜值类	好看、颜值、小姐姐、小哥哥、男朋友、女朋友等
	萌宠萌宝类	猫、狗、娃、宝贝、可爱等
	美食类	好吃、吃货、想吃、吃法、饮食、火锅、奶茶等
	旅行美景类	旅行、旅途、在路上、新世界等
	记录生活类	婚礼、感动、温暖、毕业、大学、浪漫、异地恋、回忆等
幽默与情节类	幽默	好玩、套路、尴尬、戏精等
	情节类	
新、奇、特	炫技类	炫酷、高能、打Call（网络用语，泛指对某人的喜爱和应援）、刺激、666（网络用语，形象某人或某事物很厉害）、游戏等
	创意类	厉害、神奇、魔术、意外、震惊、原来如此等
知识技能类	时尚美妆类	化妆、发型、穿搭、编发、服饰、色彩等
	健身减肥类	减肥、瘦身、减脂、跑步、坚持、瑜伽等
	生活技巧类	简单、方法、攻略、实用、达人、技巧等
	专业教程类	拍摄、运镜、教程、特效等

续表

类 型	细 分	关 键 词
开箱测评类	单品测评	开箱、测评、对比、好物、展示等
	对比测评	

3.1.1 发现美好生活

美好生活类的视频触发了人们的向往感，能起到治愈性的效果。凡是美好的事物都会被粉丝们追捧。我们所说的美好生活类视频，主要包括以下几个方面。

1. 高颜值类

在短视频平台上经常会看到高颜值的人，他们有姣好的容貌、温暖的笑容、苗条的身材，短短十几秒钟甚至几十秒钟的视频，只要他们一出镜，马上就能俘获粉丝们的心。

经研究发现，对于外表吸引力型的视频，用户在观看后第一时间点赞的意愿更高，一个视频的重复播放率也相对更高，互动性更强。这就像费启鸣或"代古拉k"等帅哥美女，哪怕是一个笑容、一个动作就能收获上百万点赞的原因。图 3-1 所示为高颜值类短视频。

2. 萌宠萌宝类

在短视频平台上，人们经常被可爱的小动物们萌倒，如狗、猫、鹦鹉，甚至猪，并纷纷表示"已成精""应该送去上大学"。另外，还有一些是萌宝们的视频，让用户看了不禁评论"又劝我生孩子"。这类视频的特点就是趣萌治愈，非常容易吸引人们反复观看和点赞。图 3-2 所示为萌宠萌宝类短视频。

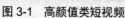 

图 3-1　高颜值类短视频　　　　　图 3-2　萌宠萌宝类短视频

3. 美食类

很多人，尤其是所谓吃货，对美食毫无抵抗力。美食类视频有的是网友针对某些餐厅里的某些食物做的分享活动，有的是店家专门做的营销，还有一些是自己或专业机构边做边拍的视频，这种美食视频的灵魂在于对做法的讲解。图 3-3 所示为美食制作类短视频，图 3-4 所示为美食探店类短视频。

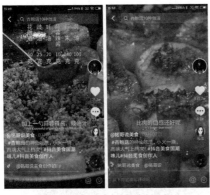

图 3-3　美食制作类短视频

图 3-4　美食探店类短视频

4.旅行美景类

旅行美景类视频一般拍摄的是风景区,如婺源、稻城、张家界等很多景点因为短视频的宣传,吸引很多人不远千里去打卡。另外,还有一些是无意中发现的景点、美丽的瞬间,因为短视频,一时火了起来。图 3-5 所示为旅行美景类短视频。

5.记录生活类

人生中有很多美好的瞬间,如婚礼、婴儿出生、大学毕业等,都是让人看后又温暖又落泪的。这类视频基本上是用户拍摄的生活中的画面,既真实又煽情,传播性也很强。图 3-6 所示为记录生活类短视频。

图 3-5　旅行美景类短视频

图 3-6　记录生活类短视频

总之,在短视频平台上只要是让大家喜欢并向往的美好事物,都会引起粉丝的围观点赞。所以,我们要有一双善于发现美的眼睛并及时将其记录下来。

3.1.2　幽默与情节

有些人本身带有喜剧天赋,通过改台词、对口型和各种演绎,将一个个喜剧桥段生动地表演出来。而情节类的内容,适合全民参与、人人模仿,在短视频平台上也非常流行。

1. 幽默类

短视频平台上的幽默类视频非常多，很多人喜欢刷短视频就是因为短视频能给他们带来快乐。在饭后睡前、通勤路上的碎片时间里，用户往往用来娱乐和放松。如果视频内容真的将人们逗笑了，点赞行为也就是自然而然的。

像《生活对我下手了》里面辣目洋子拍的视频，往往能将人逗得捧腹大笑，而她丰满的身材、标志性的眼睛、圆圆的脸庞，同样给人留下了深刻的印象，如图3-7所示。

图3-7　辣目洋子拍摄的幽默短视频

2. 情节类

短视频平台上有很多情节类的视频，因为具有很强的模仿性，引得人们纷纷参与，所以这类视频的传播性也很强。

例如，以下情节就很适合情侣。

男：你有打火机吗？

女：没有啊。

男：那你怎么点燃了我的心？

现在的人们生活和工作压力比较大，因此比较喜欢看一些轻松幽默类的视频，以缓解平时的焦虑情绪。而短视频平台上的用户多为年轻人，喜欢新鲜刺激，爱模仿、追潮流，所以这些适合互动和模仿的内容非常容易在短视频平台上引起广泛传播。图3-8所示为情节类短视频。

图3-8　情节类短视频

3.1.3 新、奇、特

在短视频中我们能看到各种稀奇古怪、充满新意的视频，各种我们身边见不到的新鲜事，都能在短视频平台里刷出来。

1. 炫技类

短视频平台中有很多展现才艺技能的视频，这些才艺不仅限于唱歌跳舞，一些生活化的冷门匠人技能往往也会收获用户的点赞。另外，像"黑脸V"这种技术流，将视频拍摄得非常魔幻，同样引来了非常多的粉丝关注。

案例 表现绘画技巧，吸引用户关注

抖音平台上的"阿泽教你画"，就是依靠自己独特的画技来画一些大家熟知的热点人物，如《复仇者联盟》里的美国队长等。因为画得惟妙惟肖经常令粉丝们大呼"神技"，甚至还有粉丝在评论里询问"可以给我画吗？收费吗？"。

图3-9所示为"阿泽教你画"的抖音账号和相关短视频。

图3-9 "阿泽教你画"的抖音账号和相关短视频

2. 创意类

好的创意放在哪里都会被人喜欢，如在车上将外面的电线当作琴弦，配上好听的音乐弹起来。这些视频往往出人意料，非常容易引起用户们的模仿和传播。

案例 创意手指动画片

"王蓝莓"是抖音平台上一个做手指动画片的账号，在"王蓝莓"的短视频里，我们看到利用一双手，一个画成妈妈的形象，一个画成"王蓝莓"的形象，然后用有趣的对话形式将故事表达出来。"王蓝莓"这个账号极具创意，一是在手上画出人物形象，二是采用童年时期的绘画风格，并配上形象的动作和有趣的语言，使这个账号的特色非常突出，不具有模仿性。

图 3-10 所示为"王蓝莓"的抖音账号和相关短视频。

图 3-10 "王蓝莓"的抖音账号和相关短视频

小贴士：炫技类和创意类的视频对创作者的要求比较高，有一定的门槛，但由于创作的内容本身比较新奇，容易满足人们的好奇心，也就很容易吸引粉丝。

3.1.4 知识技能类

知识技能类的内容比较实用，一般来说属于用户的刚需，只要有这方面需求的人都会主动关注此类账号。而且由于粉丝比较精准，这类账号变现也比较容易。

1. 时尚美妆类

一般美妆类的视频都是教人们如何化妆，这类账号变现十分容易，因为每一个视频都可以是带货的广告。很多美妆达人因为自己长得美、会化妆，吸引了很多粉丝的关注，而有一些是长得并不太美，但是化妆技能特别突出，这类达人往往也会受到粉丝的追捧。

案例 凭借出神入化的化妆技巧，吸引用户关注

抖音平台上有一个叫"锰宝"的美妆达人号，专门为大家分享美妆的内容，里面有教人化欧美妆容的，也有网红妆容的。凭借美丽的外形和出神入化的化妆技巧，"锰宝"吸引了大批忠实粉丝，而且"锰宝"的商品橱窗的点击率非常高，许多商品的销量也非常高。

图 3-11 所示为"锰宝"的抖音账号和相关短视频。

2. 健身减肥类

由于现代人越来越注重对自己健康和身材的管理，所以健身减肥类的视频一直都非常受欢迎。

图 3-11　"锰宝"的抖音账号和相关短视频

案例　专注减肥健身专业知识的短视频

抖音账号"郭大力健身"通过上传一些快瘦操、超胖减肥操、狂瘦操的视频，为大家讲解减肥的知识，获得了很高的点赞数。

图 3-12 所示为"郭大力健身"的抖音账号和相关短视频。

图 3-12　"郭大力健身"的抖音账号和相关短视频

3. 生活技巧类

一些实用的生活小技巧能为人们解决很多生活难题，凡是热爱生活的人都会忍不住关注。

案例　专注生活技巧分享的短视频

抖音上有一个叫"生活有妙招"的账号，通过为大家分享油污清除妙招、驱蚊小妙招、眼镜护理妙招等，吸引了几百万的粉丝。视频里通过加速的视频将一些妙招的关键步骤展现出来，并且配有操作讲解，既清晰又简单，能让人马上学会。

图 3-13 所示为"生活有妙招"的抖音账号和相关短视频。

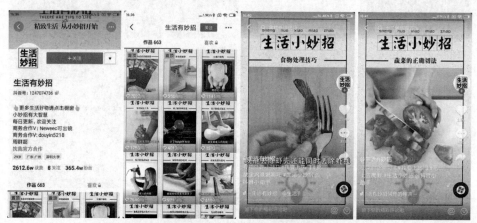

图 3-13　"生活有妙招"的抖音账号和相关短视频

4. 专业教程类

随着短视频发展的不断深入，视频内容已经实现垂直且多元化发展，一些专业知识类的教程也开始出现在短视频平台上。例如，如何做 PPT、怎样学英语、如何创业等很多专业的知识，都开始在短视频平台上火热传播。这种账号主要讲的是某个行业的专业知识，所以吸引的也是对这类内容感兴趣的人。虽然某些账号粉丝不是特别多，但是因为非常精准，所以变现也比较容易。

案例　专业教程类的短视频

在抖音平台的搜索框里输入"PPT"，就会发现同类账号竟然都有不错的粉丝量。像"秋叶 PPT"本身就推出了相关畅销书，所以积累粉丝较为容易，已有几百万的粉丝量。

图 3-14 所示为"秋叶 PPT"的抖音账号和相关短视频。

图 3-14　"秋叶 PPT"的抖音账号和相关短视频

总之，随着短视频内容的进一步扩展，以后的方向会越来越细分垂直。相对来说，这类账号要求的专业性强，粉丝黏性大，易转化。

3.1.5　开箱测评类

开箱测评本质就是趣味版的产品介绍与体验。开箱测评类短视频为观众提供了打开新世界大门的可能。物质世界的发展，五花八门的新产品层出不穷，让人们更想要追根问底——这个产品到底是什么？怎么用？好用吗？盒子里装的是否如广告里描述的一样？而担心被骗或者疲于购买的人们只需要打开短视频平台，即可在与全世界共享好奇心的开箱视频里得到自己想知道的一切。

从封闭的瓦楞纸箱开始，一层层拨开包装最后到产品完全露出，拆箱视频提供了原始的画面、全面的信息和无法作弊的视角。熟练的开箱博主用一个可以被观众信赖的身份取得产品，对产品进行初次使用或者尝试，并给予观众全面又详细的测评反馈。

案例　**专注开箱测评的短视频**

抖音上有一个叫"开箱晏"的账号，这是一个专注于开箱测评短视频的账号，拥有九百多万粉丝，会根据用户反馈最多的开箱需求来拍摄相应产品的开箱测评短视频，这种方式既满足了广大用户的好奇心，又能够实现与用户之间的互动，具有很好的用户黏性。

图 3-15 所示为"开箱晏"的抖音账号和相关短视频。

图 3-15　"开箱晏"的抖音账号和相关短视频

而到底是拔草还是种草，看完开箱视频，或许观众心里就有了答案。

开箱测评类短视频，我们可以从以下两个方面考虑其内容的策划。

1. 单品测评

"开箱＋单品测评"，主要以真人出镜为主，画面干净，对产品外观进行简单描述，在试用过程中说明自己的感受。例如，常见的数码产品测评、化妆品测评等。图 3-16 所示为一款数码产品的开箱测评短视频。

图 3-16　数码产品的开箱测评短视频

2. 对比测评

选择同类产品进行对比测评，更具说服力，与生活相关的产品转化率更高。测评产品多为网红产品，展示产品细节，真实的测评感受更容易引起受众的信任。图 3-17 所示为多款防晒霜的对比测评短视频。

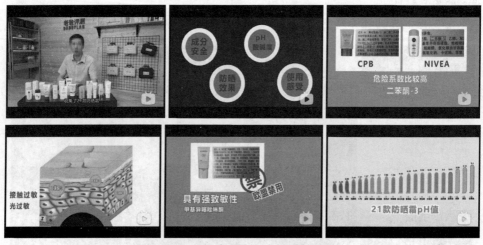

图 3-17　多款防晒霜的对比测评短视频

🔨 **小贴士**：注意，对比测评不要提及被对比的品牌及产品名称，且根据《中华人民共和国广告法》中的相关规定，广告不得贬低其他生产经营者的商品或者服务。进行对比需要有科学依据和证明，并且是相同的产品或可类比的产品，在有可比较之处又具可比性的情况下，在广告中进行比较是允许的。

✏️ **课堂讨论**：了解了短视频内容的大致分类，可以试着简单分析一下不同类型短视频内容都具有什么特点。

3.2　短视频选题的 6 个方法

账号涨粉需要靠爆款短视频，然而大部分爆款短视频不是偶然形成的，一般都要经过精心策划。精心策划爆款短视频的第一步就是要有好的选题，如何确定好的选题呢？

1. 寻找痛点程度高的话题

一个选题有没有触动用户的痛点，决定了这个短视频能不能火。判断选题的痛点程度如何，并不是单纯靠内容创作者臆想，而是要求创作者站在用户的角度反问自己：这个选题是短视频用户想看的吗？与关注我的粉丝有什么利益或情感共鸣吗？

例如有两个选题方向：一是胰腺的作用是什么？二是夫妻吵架，为什么老婆被气得半死，老公却倒头就睡？你会选择打开哪个视频呢？

相信大部分人都会选择后者。因此，应选择与用户有共鸣的、痛点程度高的话题。

图 3-18 所示为"萌鸡小队世界"的抖音账号和相关短视频，萌鸡小队是一个卡通动画形象，在该抖音账号中，通过其卡通形象来表现日常生活中的话题，幽默风趣，容易吸引用户的关注。

图 3-18　"萌鸡小队世界"的抖音账号和相关短视频

2. 选择受众基数大的话题

每一个话题都有一定的人感兴趣，感兴趣的人越多，短视频被传播的概率也就越大。

因此，在账号涨粉阶段，最好选择基数更广、大众更感兴趣的话题，而到了后期则可以选择一些相对来说垂直的、对粉丝有价值的话题。因为前期吸引来的粉丝后来在你的账号里看不到自己感兴趣的话题可能就会取关，而后来吸引的垂直类用户才更有利于转化和变现。

3. 把握节点，与当下热点话题相结合

做内容的人往往会做三类选题：一是常规性选题，二是热点选题，三是长期性选题。常规性选题与账号的定位有关，一般在前期规划内容时就会明确账号是哪个方向的，这个方向涉及的选题会有哪些，应该做哪方面的内容。假如做了一个以女性为主体的账号，那这个账号的内容就会涉及情感、工作、自我提升等方面，然后根据每个方面细化出大家感兴趣的话题。

热点话题与当下发生的热点事件有关，一般热点话题注重速度和时效性，非常容易火爆。例如，2021年河南遭遇洪灾，国产运动品牌"鸿星尔克"由于大额捐款，冲上各大平台热搜，许多自媒体也结合该话题拍摄了相应的短视频，如图3-19所示。

图3-19 "鸿星尔克"相关话题的短视频

🎙️ **小贴士**：很多短视频平台在节假日会有相应的挑战活动，多多参与这些活动也有利于短视频的传播。

长期性选题一般是长期持续的或者说是系列的，短视频平台上的内容创作者也可以尝试。

4. 选题要反复优化打磨

在最初策划选题时，一定要找到用户的需求点、涉及的梗或一些关键词等，最好将它们都列出来。另外，在做选题时最好与周围的人进行讨论，多让别人提一提想法和意见。

5. 积累素材库，在不同的平台找创意

在选择短视频内容时，可以将微博、微信、知乎等各种内容平台作为素材库，多在上面找灵感。一般在其他平台点击率高的内容，放到短视频平台上点击率也会高，更何况微信等平台是封闭性平台，只有关注的粉丝才会收到推荐的内容，且只有转发才能促进传播，所以这种内容在短视频平台上火的可能性更大。

另外，可以将历年各平台的爆款内容整理出来列成表格，将其作为工具箱，在创作内容时随时参考。

6. 建立灵活的选题机制

很多短视频运营团队都会有相应的选题群，平时除了讨论选题外，还可以将看到的比较好的选题和玩法分享到群里一起讨论，看看如何借鉴别人的内容做出更火爆的选题。

案例　"丁香医生"的成功来源于成功的选题

健康科普大号"丁香医生"，它的成功多半来源于成功的选题。

"丁香医生"抖音短视频账号，主要由"丁香医生"团队医学总监——田吉顺出镜拍摄。从 2018 年 4 月开始，田吉顺开始带领团队入驻抖音平台，半年多时间，"丁香医生"抖音号就积累了 560 万粉丝，视频总获赞 1920 万次，单条视频最高获赞 183 万次。

图 3-20 所示为"丁香医生"的抖音账号和相关短视频。

图 3-20　"丁香医生"的抖音账号和相关短视频

第一种选题类型：是什么？

这部分内容主要是，针对最流行的健康谣言进行科普、辟谣。比如，以下这些选题：

（1）床头放手机有辐射？（52.7 万赞）

（2）染烫头发致癌吗？（13.9 万赞）

（3）仰卧起坐能瘦肚子吗？（9.9 万赞）

第二种选题类型：怎么样？

这部分内容主要是，针对一些常见的生活习惯和现象分析利弊。比如，以下这些选题：

（1）不吃早饭，有什么危害吗？（32.9 万赞）

（2）吃完饭，可以躺下吗？（27.4 万赞）

（3）裸睡对身体有什么好处吗？（11.4 万赞）

第三种选题类型：怎么办？

这部分内容主要是，针对用户在健康领域的某个痛点答疑解惑。比如，以下这些选题：

（1）一招挽救假胯宽。（183.6 万赞）

（2）10 秒纠正"萎缩肩"。（112.1 万赞）

（3）海姆立克儿童急救法。（59.2 万赞）

从"丁香医生"做选题的经验来看，严肃内容做选题，最关键的一点是：紧抓用户痛点，关联用户生活场景。

小贴士： 内容工作者都知道选题策划的重要性，如果没有设计好选题就随便操作，往往会让做出的内容跑偏，甚至无法体现其亮点。需要注意的是，一般在选题策划阶段也会做出相应的时间计划，如一个视频什么时候发布、需要几天才能完成等。

课堂讨论： 说说当下的热点话题都有哪些，如何通过短视频的方式进行表现。

3.3 内容策划的 3 大技巧

短视频内容的策划，可以将前期复杂零碎的准备过程转化为具体的实施方案，使得短视频团队的每个成员都能清楚地理解自己应该做什么、从哪方面入手，短视频的策划还可以使得其内容最终呈现得更加完整，从众多的同类短视频中脱颖而出，获得用户认可。

3.3.1 主题明确、突出

一个短视频的主题不是随随便便就可以确定的，这要经过短视频团队的精心策划，才不会产生定位错误的情况。选择合适的主题，进行精准定位，才能够最大程度吸引目标用户的关注。

那么，如何才能确定短视频的主题呢？主要通过 3 个方面：市场调研、自身喜好和用户需求，如图 3-21 所示。

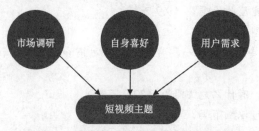

图 3-21 通过 3 个方面确定短视频主题

3.3.2　策划方案可执行

　　短视频的方案策划除了需要满足用户的需求以外，还必须可执行。一个可执行的策划方案才具备意义，否则只是纸上谈兵，没有任何实际的用途。一个短视频策划案的执行性与所持有的资金、人员的安排以及拥有的资源都是分不开的。只有具体考虑周全这些实际的问题，才能做出一个可落地、可执行的方案。图 3-22 所示为可执行的策划方案需要考虑的问题。

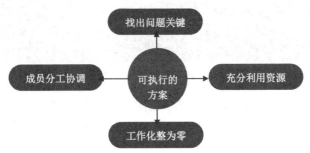

图 3-22　可执行的策划方案需要考虑的问题

3.3.3　快速进入短视频内容高潮

　　用户的时间往往是有限的，短视频的长度虽短，但是如果迟迟不能进入内容的高潮，同样会使用户难以产生看下去的欲望。再好的内容如果不能被看到，也同样毫无意义。为了避免这种情况，制作者应该通过一些技巧，使短视频在开篇就能快速进入高潮，吸引用户的目光。

　　对于非剧情类的短视频，短视频制作者应该在开头就介绍本期视频的目的，以起到快速引起用户兴趣的目的。为了保证用户能够持续看下去，还可以在开头设置一个悬念，并且在之后通过语言等行为不断加深此悬念，使用户产生好奇心，始终保持观看的欲望。

　　图 3-23 所示为某汽车自媒体的短视频截图，每一个短视频都是通过一个观众比较关心的问题引出，在短视频中通过可爱的漫画形象来展开对该问题的讨论和讲解，通过标题就能够引起观众的好奇心。

　　而剧情类的短视频，则需要在故事的开篇就制造一个小高潮，牢牢抓住观众的眼球。故事类的短视频与电影类似，虽然没有电影的技术含量要求高，但是在叙事结构上是类似的。

　　小贴士： 为了使用户能够快速进入内容的高潮，短视频制作者在剧情结构的安排上，要注意一定的章法。短视频的时长较短，在剧情的安排上也应该注意到这点。快速地切入关键点可以使剧情更加紧凑，避免叙事结构混乱。短视频的内容分为两大主体，一个是人物，一个是故事。人物决定故事，而故事也会影响到人物。

图 3-23 汽车自媒体的短视频截图

目前，通过卡通动画的形式来表现剧情小故事的短视频也非常流行，如图 3-24 所示，这样的短视频需要创作者具有较强的卡通绘画和动画制作能力，同时出色的剧情也是必不可少的。

图 3-24 卡通动画形式的剧情小故事

3.4 短视频内容创作方法

要想持续生产优质的原创内容，就要找到生产内容的方法，建立完善的内容生产机制。对于一个成熟的短视频账号，在摸索一段时间后一定会有自己创作内容的方法。

3.4.1 内容产生思路

如果不知道怎么做内容，可以尝试从以下几个方向进行内容生产。

1. 模仿

模仿使短视频平台上的内容有了疯狂传播的魔力。一个话题或一个梗如果非常受欢迎，就会引起全民模仿，如学猫叫等。需要注意的是，模仿不等于直接搬运别人的原创视频，而是模仿别人的视频内容进行重新演绎，严禁直接搬运别人的原创视频。

1）随机模仿

随机模仿，即看到短视频平台上比较火的视频后，按照原样拍一个。例如，短视频平台中一直很流行变装的视频，就有很多人模仿，虽然每个变装短视频的形式有所不同，但都属于变装，如图 3-25 所示。

图 3-25　很多人模仿的变装短视频

2）系统模仿

系统模仿，即找到相同领域的账号，对其套路和桥段进行分析，然后模仿拍摄。

前期在短视频平台上模仿做视频，能使自己更快地融入短视频平台。另外，模仿增加了创意的来源，更易植入品牌和产品广告，增加与产品的相关性。

例如，有段时间"蜜雪冰城"的主题曲在短视频平台上爆火，接着短视频平台上出现了很多"蜜雪冰城"相关的短视频，包括主题曲、舞蹈等，如图 3-26 所示。

图 3-26　"蜜雪冰城"相关的短视频

这种方法就是根据比较流行的元素，在其基础上进行微创新。

2. 蹭热点

在短视频账号运营初期，想要快速进入公众的视野，可以在创作作品时紧扣实时网络热点事件，以网络热门话题作为公众事件，往往能引起广大用户的关注，所以蹭热点其实是进入公众视野很好的一个方法。

3. 做原创

什么样的内容会获得短视频平台的推荐呢？创新型的内容、具有新鲜度的内容。真正的创作者是用心做内容的创作者，向用户传达美好的生活方式，而非搬运、剪辑、抄袭别人的内容。

课堂讨论： 简单描述一下，对于一个新的短视频账号，你所采用的内容创作思路是什么？为什么？

实操过程中也可结合短视频账号特点梳理创作方向，可以从核心思路、测试维度、组合形式、选题方向等维度梳理创作思路。例如，以声音账号为例，内容创作思路如图 3-27 所示。

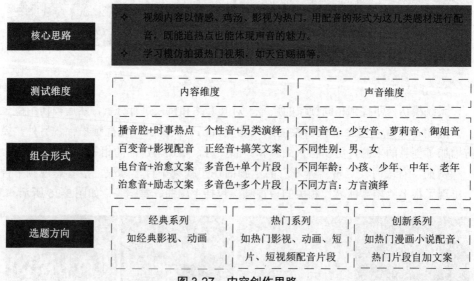

图 3-27 内容创作思路

3.4.2 内容创作工具

短视频开头是非常重要的，如果用户看到你的短视频开头，觉得没啥意思，和自己无关，就会直接划走。

这时平台算法如果看到这种现象，就会评估这类用户不喜欢你的内容，会给你的内容做排除法，这类内容平台就不会推荐了。同时，如果人群包里的代表用户进来之后也不喜欢，那么这个人群包有可能被排除出推荐范围，于是你的受众面就会被极度压缩。

1. 视频创作公式

视频内容，最好能够让用户有获得感，有价值的连续性、内容的独特性。例如能满足用户的情感需求、学习需求、娱乐需求等。

视频结尾，设计引流的环节和话术，如账号简介引流、内容描述引流、扩展链接引流、主动评论引流、视频内容引流、账号互推引流、视频直播引流等。

图 3-28 所示为总结的创造爆款短视频的基本公式。

图 3-28　创造爆款短视频的基本公式

2. 常见视频开头

（1）突如其来的惊吓，例如：老板把文件扔过来。

（2）出人意料的行为，例如：老板哭着喊着，不干了。

（3）不同寻常的故事，例如：创业一年，花光了 1000 万。

（4）颠覆认知的观点，例如：其实理财最失败的，就是我们的父母。

（5）引发思考的提问，例如：真的能通过 3000 月薪实现财富自由吗？

（6）小而有用的干货，例如：10 个职场人一定会用到的 App。

（7）激发痛点的场景，例如：拍了几十条视频都是几百播放量，到底怎么回事。

（8）强烈共鸣的鸡汤，例如：成年人的世界没有容易二字。

（9）不劳而获的诱饵，例如：免费读者也能月入 5000+。

（10）厌恶损失的恐惧，例如：知道这个方法，一年能省 10 000 块。

3. 爆款短视频文案公式

爆款短视频文案公式是：现象 + 危害 + 原因 + 解决方法。

不管是什么行业，都可以试着使用这个公式来撰写爆款短视频文案，如表 3-2 所示为服装和理财行业按照公式所写的文案。

表 3-2 爆款短视频文案公式

描 述 重 点	服 装 行 业	理 财 行 业
现象	梨形身材女孩子太难买裤子了	每月工资 1 万元
危害	挑错了样式显得腿又短又粗	但还是没有存款
原因	但梨形身材很难改变	那是因为你没有学会理财
解决方法	这三款裤子不仅显瘦还显腿长	这 5 个方法让你资产翻倍

4. 短视频内容自检形式

图 3-29 所示为短视频内容自检形式。

获得感

用户是否获得了功能价值或者情绪价值

功能价值：扭转观点、掌握技巧；

情绪价值：鸡汤、民族自豪感等

满意度

是否有满意度溢出，让用户不点赞就难受

分享的干货价值感比别人的短视频强

连续性

是否感受到价值连续性，看完还想看下一条

如1000 个自我提升小技巧，账号起名直观、简洁，系列化内容具有承上启下的作用

独特性

是否有独特调性，能感受到与其他账号的不同

形象不同，印象深刻的slogan（口号）

图 3-29 短视频内容自检形式

5. 短视频结尾形式

图 3-30 所示为短视频结尾形式。

引导关注

· 片尾口播 slogan（口号）
· 一秒关注头像
· 下一期将 XXXX

引导评论点赞

· 把你的答案打在评论区
· 有什么想问的，在评论区告诉我
· 在评论区公布我的答案
· 评论区抽 1 人送 XXX

引导转发分享

· 赶紧转发给你的朋友看看
· 转发截图找我领资料

图 3-30 短视频结尾形式

3.4.3 素材库的搭建

内容生产是打造 IP 最核心的工作。为了提高内容生产的效率，我们需要积累一

定的素材。但积累的目的不是为了简单丰富可选的内容，而是为了通过框架的积累，产生新观点、新视角、新创意、新洞察，为了让内容更有质量，更有用，更有价值。

有了素材库之后，选题就很好做出来了。一个好的选题胜过一百个普通的选题，尤其通过前人做短视频账号的经验可以知道：凡是能一次性涨几万粉丝的都是爆款内容，一个爆款内容胜过一百个日常更新的内容。

3.5　短视频内容创作技巧

一个爆款短视频可以为账号带来上百万的粉丝，因此做出爆款短视频是每个短视频账号运营者日思夜想的。那么，为什么有些人发的视频播放量和点赞量寥寥无几，而有些人发的每条视频都是爆款呢？本节将向读者介绍有关短视频内容的相关创作技巧。

3.5.1　短视频内容的表现形式

在短视频平台中，我们能看到各种表现形式的短视频。有像"多余和毛毛姐"这种真人出镜的，也有像"快看漫画"这种手绘漫画形式的；有个人脱口秀式的，也有由许多角色组成的剧情演绎式的……具体选择哪种表现形式，一般与账号的内容定位有关，一个账号可以选择多种形式来展现内容。

创作短视频内容时到底该选取怎样的形式呢？在对短视频平台中的各类短视频做了研究之后，做如下总结。

1. 真人出镜

我们发现很多短视频，尤其是红人类视频，都是以真人出镜为主的。这类形式能迅速打造个人或品牌形象，让用户快速熟悉角色并记住其特征。

在真人出镜的短视频中，有以下多种类型。

（1）脱口秀式。短视频平台上很多账号都是以一个人为主体出镜的，例如，"崔磊 - 为思考点赞"中的崔磊、"年糕妈妈"中的糕妈，都是通过脱口秀式的单人演绎，将一件事情或某个道理讲出来。这类短视频的重点在于说的内容是不是吸引人。图 3-31 所示为"崔磊 - 为思考点赞"的抖音账号和相关短视频。

（2）对话式。对话式短视频多是"一问一答"或是"你一言我一语"的形式。这种类型的短视频也重在说的内容里是否有梗，如土味情话或某些搞笑段子都可以采用这种形式。有些对话也需要某些场景的辅助，因为有些话只在某些情境下才有特定的含义。图 3-32 所示为对话式的短视频表现方式。

图 3-31 "崔磊 - 为思考点赞"的
抖音账号和相关短视频

图 3-32 对话式的短视频表现方式

（3）表演式。像歌唱类或舞蹈类的短视频，通常需要辅助一定的表演，尤其是一些带有剧情的，需要在提前设置好剧本的情况下进行拍摄。图 3-33 所示为表演式的短视频表现方式。

（4）连续剧式。现在短视频平台上经常有一些高质量的短剧，甚至是连续剧。例如，"一杯美式"发布的《听闻爱情十有九悲》，就非常具有可看性，这类短视频往往能吸引粉丝持续关注，如图 3-34 所示。

图 3-33 表演式的短视频表现方式

图 3-34 连续剧式的短视频表现方式

（5）随手拍摄式。除了上面提到的一些提前做好准备拍摄的视频外，短视频平台上很大一部分视频都是随手记录下来的。如某些美景、某些搞笑的场面、某些令人感动的瞬间等。网友往往是从这些视频中看到了更精彩的世界。图 3-35 所示为随手拍式的短视频表现方式。

（6）混剪式。一个视频出众的不仅是内容，还有剪辑方式。例如，"尿尿是只猫"的剪辑水平就非常高，经常将不同的场景混剪到一起，画面非常具有冲击感，如图 3-36 所示。

图 3-35 随手拍式的短视频表现方式　　　图 3-36 混剪式的短视频表现方式

2. 图文并茂

短视频平台上还有一些短视频是图文形式的，这种短视频一般都靠内容取胜，没有夸张的表演，或者是重在展现图片，像一些漫画式的账号多采用这种形式。

（1）图文式。图文式中最简单的一种形式就是边说文字边播放，且文字有大有小、有横有竖。这种短视频的内容一般多是搬运而来，做起来比较简单，一般背景图只用同一张。另一种就是每张图上配不同的文字，然后配上台词和音乐，一张张放图，根据文案内容搭配相应数量的图片。图 3-37 所示为图文式的短视频内容表现方式。

图 3-37 图文式的短视频内容表现方式

（2）卡通漫画式。这种短视频本身就是为了展现漫画，所以会将图做成动图，如"喵小兔漫画（画师七七）""石头猫"等笑话类的账号都是采用这种形式，非常生动有趣，如图 3-38 所示。

图 3-38 卡通漫画式的短视频内容表现方式

小贴士：以上是短视频平台中常用的几种形式，我们在做短视频时可以选取适合自己的形式，并且为了让粉丝不产生审美疲劳，平时可以多换几种花样。

课堂讨论：说说你最喜欢的短视频内容表现形式是什么？为什么喜欢这种内容表现形式？

3.5.2 3个技巧让短视频与众不同

前面介绍了一些短视频选题和内容创作的方法，但是只会创作内容还不行，还要会创新，只有具备创新元素的短视频才可能与其他账号拉开距离。那么，怎样才能做到内容创新呢？

1. 对立创新，让人耳目一新

具体的操作方法是：我们可以从短视频平台上选取几个同类的爆款短视频，拆解出里面的爆款元素，然后变更某个元素，与之对立。例如，如果爆款短视频里的角色为男的，你可以换成女的。"黑脸V"是技术流的代表，而"慧慧周"就是将其身份变成女的，重新开了一个账号，但同样大火。

需要注意的是，使用这种方法时，只变更其中一个或少数几个元素即可，其他爆款元素最好不要变。

另外，还有一种方法是选几个中等火爆程度的短视频，将里面的常规元素予以更改，使其与常规思维形成对立，从而产生出其不意的效果。例如，大多数美女都是穿梭在都市里的时尚女郎，而将一个这样打扮的人放到农村的环境中，就更容易火。

2. 集成创新，增加爆款元素

这种创新思维的做法是：选几个同类的爆款短视频，拆解里面的各种爆款元素，将可以重新组合的爆款元素叠加，去掉里面的平庸元素。这种短视频因为爆款元素密度增加，更容易成为爆款。例如，对口型的短视频非常容易被传播，如果将对口型的人换成一个明星，相信视频更容易火爆。

3. 差异统一，处理好差异和统一的关系

在创作短视频时一定要注意兼顾差异和统一。差异是指与别人的差异，只有与别人有了差异，才能被人们记住、有更少的竞争和无限的成长空间。统一是指与自己的风格形成统一，如果在运营账号时发现用户对某个类型的短视频比较感兴趣，那就可以持续更新同类内容，以强化品牌和人物的价值。一旦账号的风格形成，最好不要对关键元素频繁地改变。

例如，"商业小纸条"是一个通过说段子的方式来讲解商业知识的账号，为了增加视频的多样性，该账号试着加入了说唱的形式。虽然说唱形式一时带来了更多的点赞，但是账号掉粉情况十分严重，粉丝们纷纷留言表示不能接受。其实仔细分析可知，这类商业财经号的粉丝原本是来学习知识的，重要的在于用有趣的形式将内容讲明白，而说唱形式过于追求押韵，而且语速较快，很难将内容讲清楚。

因此，在内容创作上既要追求新奇特，又要保持资深账号的定位和内容的统一性。

案例　"碎嘴许美达"短视频账号的成功

"碎嘴许美达"目前已经成为抖音平台上的一个大号。许美达以知识女性自称，远嫁美国，既有可爱的孩子又有恩爱的老公。看过该账号短视频的人都知道，虽然她嘴碎，但是说的话句句在理。凭借精彩的语言、夸张的表情和励志的精神，许美达收获了一大批粉丝。

图 3-39 所示为"碎嘴许美达"的抖音账号和相关短视频。

图 3-39　"碎嘴许美达"的抖音账号和相关短视频

仔细分析后发现，"碎嘴许美达"的短视频里几乎涵盖了很多爆款因素。

第一，许美达自身的形象非常亲民，她经常以不修边幅的日常装扮出镜，无论是语言还是形象都十分接地气，让人看后觉得她就是个跟我们一样的普通人。

第二，许美达在短视频里的表情非常夸张，情绪十分强烈，很具有感染力。

第三，看似普通的一位中国女人，却能在国外收获幸福，而且乐观向上，这又和她看似普通的外在形成了鲜明的反差，给人以强烈的冲突感。

第四，她经常介绍在美国的方方面面，身在国内的人一定对国外的一切都十分好奇，所以其短视频内容本身就很有吸引力。

第五，她经常以母亲、妻子、儿媳妇、女儿等各种身份来分享自己身边的各种事，很容易引起人们的共鸣。

第六，她的每一条短视频都十分有价值，让人看后不禁点头认同。

总之，想做好短视频内容的人可以通过分析这些优秀账号来学习和提升。

3.6 短视频文案的写作方法与技巧

在短视频领域，文案的作用更为重要，因为短短几十秒的时间所包含的内容和信息被大大缩减了，可以通过文案充当内容的黏合剂、小贴士，能够更完整地呈现出短视频所要表现的内容，让短视频获得更多的曝光和点赞、评论。

3.6.1 一个好的标题，让点击量暴涨

在短视频平台上未必每个视频都有标题，但是一个好的标题往往会给你带来意想不到的效果。具体来说，标题有以下作用。

1. 封面标题是引导用户点开视频的关键

带标题的视频更能让他人一眼明白这个视频是讲什么的。如果标题起得好，抓人眼球，那就能吸引人们点开看里面的内容，从而提高视频的点击率。

2. 短视频平台的算法机制能根据标题推荐更多精准流量

为内容起标题的作用不仅是吸引用户的注意力，更重要的是，标题能让算法明白到底应该匹配哪些精准用户。如果标题的关键词和语句都是围绕宠物来写的，那在第一波的流量推荐里，平台就会自动匹配那些喜欢宠物的粉丝。这样的话，相比不精准的推荐，这类短视频的打开率、点赞率和完播率等各项数据就会比较高。图3-40所示为标题比较出色的短视频。

短视频平台上获赞比较高的视频标题主要有以下几类。

1. 人格展示类

这种类型的标题以人格化的形式来表达，更能吸引用户的注意。

（1）直接陈述：将人物的昵称、地点和年龄直接展现出来。例如，一个叫"海蜇"的账号直接用"济南网管小海蜇"作为某个视频的标题。

（2）性格偏好：直接说明自己的性格偏好和日常的工作生活等。例如，"千万别委屈自己"这个标题既能唤起大家的共鸣，又表达了自己的态度。

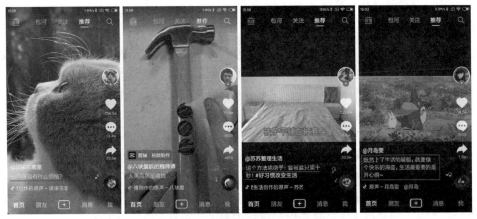

图 3-40 标题比较出色的短视频

（3）理想困境：直接表达自己的理想或目前面临的困境，更能引起人们的共鸣。例如，"追不到喜欢的男生怎么办？"直接表达了自己的困境，而且又是以一个姑娘的口吻，很容易让人心疼。

2. 对话沟通类

对话沟通类的标题容易与用户建立起信任。

（1）简单问答：说出自己的困境、烦恼，表明想要寻求答案。例如，"狗狗不定点尿尿怎么办""怎样才能变漂亮"。

（2）自我示弱：用示弱的形式来唤起人们的同情心，表达自己的痛苦。例如，"都吃这么少了，还不瘦""又考了不及格，回家一定挨揍"，这种就很容易引起人们的同情心。

（3）人格提升：展现自己温暖、睿智和高尚的形象及价值观，吸引人们的认同和追求。例如，"小区里流浪猫的食物我包了""我帮环卫工人捡垃圾"，这种标题很容易获得人们的认同。

3. 引导购买类

这类型的标题一般是为了使用户对产品感兴趣，从而达到销售的目的。

（1）用情绪化的口吻，阐述产品的亮点。例如，"也没烤得很焦，料也不多，就是很香糯""果然肥美至极"，都是用满足的情绪来传达产品的亮点。

（2）结合短视频里的内容，直接展现产品的价值。例如，"买衣服就会很开心"，直接表达了女孩子购买衣服的感受，同时吸引看视频的人也来买衣服。

（3）与热点话题结合，适当展现品牌特性。例如，"正确挑选母亲节礼物，送包！"正好利用母亲节这个热点，与自己的品牌相结合。

3.6.2 常用吸睛标题

在为短视频起标题时，我们可以运用如下小技巧。

1.巧用数字

尤其是比较夸张的数字，比较能吸引人们的注意力，而且给人以专业可信赖的感觉。例如，"8 年消灭 100000 斤脂肪"等。（需要注意：营销类短视频文案中涉及的数据，根据相关规范，需要有客观事实的证明）

2.带有情绪

带有情绪的标题能马上感染用户，让人忍不住点开。

3.善于用第二人称"你"

第二人称容易让用户产生代入感，拉近与用户的距离，觉得这个事情事关你我。

4.善于利用高流量热词

结合一些节假日热点和热门事件，选用流量高的热词，如"6 月的毕业季""春节过年"等。无论是内容还是标题，蹭热点永远是获得高流量的不二法门。

小贴士： 一般来说，知识技能类的账号最好都带标题，因为这类账号粉丝的目的性较强，看这类视频就是为了获取某些知识，标题相当于提炼了卖点。如果标题里展示的信息都是粉丝感兴趣的，那不用说，点击率肯定高。

3.6.3　不同类型短视频文案怎么写

好的文案能对短视频内容起到画龙点睛的作用，如果短视频内容一般，好的文案可以让其出众；如果视频内容本身质量够好，那好的文案更是锦上添花。

要想吸引用户观看、点赞甚至转发，就要让短视频内容有强烈的共鸣。无论是支持、鼓励，还是反击、批判，都要与用户在情感上产生共鸣，触动他们的感情。下面就针对叙述、互动、悬念、恐吓、段子、共谋等类型的短视频，讲解文案该怎么设置才能让用户产生好感。

1.叙述类

对于叙述类内容，如果平铺直叙就会缺少互动感，因此可以选用带有场景感的故事或段子来讲述。例如："一个环卫工人在寒冷的冬天的早晨，和老伴你一口我一口分享早餐。幸福不在于你的日子苦不苦，而在于你的心里甜不甜。感动！"这样将一个环境很恶劣但心里很温暖的温馨场面描述出来，让人犹如置身其中，很容易产生共鸣。

2.互动类

互动类的内容为的就是调动人们的情绪，可以用一些开放性的问题，激发用户的思考和回答。例如，"你看到了什么，评论留言给我""你喜欢哪个"，这类问题性的文案可以引导用户去互动，从而收到比较好的评论效果。

3.悬念类

悬念类的内容在最后一秒设计反转，可以延长用户在页面的停留时间。这类内容就要配上相应的文案，如："最后一秒有惊喜""看到最后颠覆你的三观""最后笑死了，哈哈哈哈"。

4. 恐吓类

恐吓类内容在广告里经常被利用，一般是通过展现某些不好的行为或现象，让人产生不安的心理，然后提出相应的解决方案，也就是自己的产品，从而达到刺激消费的作用。短视频中也可以利用人们的这一心理，从日常生活中的常见现象入手，例如，"每天都敷面膜，你不害怕吗？""我们每天吃的食物，你真的了解吗？"

5. 段子类

段子类视频内容本身比较出众，因此只要文案与主题相关或有比较强的场景代入感，一般就会收到比较好的效果。

6. 共谋类

宣扬励志、真善美等内容的短视频，很容易激发人们变得更好的愿望。例如，"4个月从 150 斤瘦到 110 斤，再从 110 斤到 96 斤，原来我们都可以"。因为每个人心里都有变好的愿望，所以共谋类短视频很容易激起人们的参与感。试想，谁会拒绝变美变好呢？

7. 电商、广告类

在电商、广告类内容中，需要时刻注意的是，所有的内容引导最终都是为了变现，所以在文案的设置上一定要与转化率挂钩。因此，在写这类内容的文案时要抓住粉丝的痛点，营造合适的场景，然后通过细节描述，表达可以给粉丝带来什么好处。例如，"小西装这样搭"这句文案虽然看似简单，却能吸引有需求的人点击观看。

总之，无论哪种类型的视频，都需要有一个好的文案，这样才能让视频更有感染力。我们经常在短视频平台上看到一些火爆的视频如果去掉文案真的很普通，但是正因为有文案的点题，立刻让视频生动有趣起来。

3.6.4　音乐、特效、表情包为内容添彩

在短视频平台上发布视频内容时并不是简单地把拍摄好的视频直接上传，而是在上传的时候需要增添更多有利于传播的因素，如音乐、特效，甚至表情包，让看似普通的视频更生动、更精彩。

1. 音乐

运营短视频的人都知道，短视频的走红是与动听的背景音乐密不可分的。一个本来不太吸引人的短视频，只要配对了背景音乐，瞬间就会被疯狂传播。抖音是一个发布音乐短视频的平台，要想获得点赞和关注，就必须选好背景音乐。

短视频平台捧红了很多歌曲和原创音乐，像《空空如也》《学猫叫》《好嗨哟》等。

需要注意的是，在为短视频选择音乐时一定要与短视频的内容相结合。添加音乐的目的是提升短视频的可观赏性，千万不要因为哪个音乐最火就随便用哪个音乐，如果音乐选不对，反而会影响视频效果。

小贴士：除了可以添加短视频平台提供的音乐外，还可以添加自己创作的原声，增加独特性和辨识度，更好地传达自己的想法。

2. 特效

一些点赞超过百万的短视频不仅是背景音乐选得好，而且特效也用得非常棒。发布视频时运用特效的方式有两种：一种是短视频平台自带的视频滤镜和特效，另一种是利用视频特效 App 进行处理。

抖音平台自带的特效包括滤镜特效和时间特效。滤镜特效里的"灵魂出窍""抖动""粒子""线性""幻觉""70s""X-Signal"都可以带来非凡的效果。在时间特效里，"时光倒流"用逆时序的方式呈现，给人一种时光倒流的感觉；"反复"通过重复一个动作，用于突出和强调；"慢动作"将动作放慢，通过夸张和特写的方式让人们更清晰地看清视频呈现的画面。

同时，短视频平台的美颜功能特别强大，可以使短视频拍得更美。

除了短视频平台自带的特效外，很多创作者还喜欢利用一些特效 App，将短视频制作得更有震撼力。如 VUE、Quick、美拍大师、Premier，都是很好用的软件。

3. 表情包

除了前面说的音乐和特效外，短视频平台上还有各种热门的表情包，如熊猫头、蘑菇头和满屏爱心等。

在制作或上传短视频的过程中，适当添加表情包可以增强短视频的生动效果，而且由于广大用户对表情包的含义比较熟悉，所以也会让短视频传达的意思迅速被用户感知，拉近与用户的距离。

综上所述，在短视频中要恰当地利用音乐、特效和表情包等功能，让所创作的视频内容更受大家喜欢。

3.6.5 评论互动，有时评论比视频更精彩

短视频平台的评论功能既可以用来与粉丝互动，也可以作为短视频内容的补充，增加点赞量和曝光率，还可以用来引流。因此，在上传完短视频内容后，千万不要忽略后期的评论管理，短视频运营者一定要利用好评论功能。

1. 要积极回复粉丝们的留言，与粉丝们形成有效互动

积极回复粉丝可以让粉丝感受到红人对自己的重视。同时，平台官方也会将更多的权限分给愿意互动的账号。在回复粉丝的评论时，如果是问题式的，最好直接回答；如果是感受式的，则可以大开脑洞，讲段子、卖萌等，只要是与自己的风格一致的，各种神回复招数都可以用上，让粉丝感受到鲜活的人物形象。

2. 引导粉丝们进行评论，增加视频的点赞量和点击率

评论管理不仅包括对粉丝们的留言进行回复，还包括引导粉丝们进行评论。一般做图文或视频内容的公司都有这种经历，文章或视频发布之后，要由内部的人先进行点赞、转发或评论。可是，如果内容质量不佳，往往内部的人都不愿意参与。

出现这种情况后，内容工作者不能任其自由发展、自生自灭，而是应积极引导评论。例如，可以让觉得内容不好的人发表自己的真实看法，哪怕是批评。

所以，在发完短视频后，可以借助小号或好友来有效促进粉丝评论，以增加短视频走红的概率。

3. 做好引流，评论区同样是带货小能手

在短视频平台中，凡是美好的事物都让人向往，甚至想拥有。所以，无论是看上去让人食欲满满的美食，还是一身漂亮至极的衣服，都让人忍不住想去尝试。利用人们的这种心理，很多短视频账号，如"野食小哥""李子柒"，甚至很多电商号都将评论作为引流的重要途径。

经常在短视频评论区看到"求链接"三个字，所以从某种程度上来说，评论区补充了短视频在展示完产品后无法进行互动的短板。因此，一些需要变现的账号都要好好利用这个版块。

研究发现，能使用户积极评论的短视频内容有以下 3 种类型。

（1）疑问和咨询。

如果视频内容的文案是疑问或咨询的形式，往往会引起用户们参与回答的兴趣。例如"咱们古牧"发布的一条视频里，一群牧羊犬争相往前跑，只有最后一只慢慢悠悠，时不时回头看，落在了最后面。视频配的文案是："你们说最后一只在想什么？"，结果引来了近万人的回答。

（2）质疑和批判。

例如，对随地吐痰、破坏文物、直接插队等行为的斥责，或者是批判近期的热点事件，都很容易引起浏览者的共鸣和参与。

（3）赞同和鼓励。

例如在宣扬社会上某些感人、美好、正能量的行为时，往往会引发大家的积极评论。

3.7 如何打造爆款短视频

短视频内容作为一种更直观、更真实的内容形式，在感染力方面明显比文字更胜一筹。要想让短视频发挥更大的推广效果，就需要在短视频内容的主题上下功夫，打造出受众喜欢、让用户点赞的爆款内容。

3.7.1 传达正能量

人们总是会被各种情感所感动，特别是那些能激励人们奋发向上的正能量，更是激起受众感动情绪的重要原因之一。

例如勇于救人、善于助人的英雄事迹，对于有着"大侠梦"、心存仁义和匡扶正义的受众来说，就是一个激发人感动情绪的事实所在；历尽辛苦的成功的创业之路，对于处于低潮期和彷徨期的年轻人来说，更是激发人奋起的指明灯，如此种种都可以作为爆款短视频的内容，点燃受众心中的信念之火，从而坚定、从容地走好后面的人生路。

图3-41所示为关于国家建设和发展的短视频截图。作为一个生活在祖国阳光下的人，看到这样的视频，是不是感觉特别骄傲和自豪呢？心中油然而生的激动情绪是这类爆款短视频推广效果的缩影。

图 3-41　关于国家建设和发展的短视频

案例　正能量内容更容易获得用户点赞

图3-42所示为两个描述充满正能量的人的短视频截图。

图 3-42　关于描述正能量的短视频

在这两个短视频中，他们都是普通的职业——环卫工人和人民教师，但是表现出了满满的正能量。无论是环卫工人在被淹的街道上用手清理排水口的垃圾，以便快速排掉路面积水，还是获得"七一勋章"的人民教师朴实的发言，其行为都是善与美的，同时配上振奋人心的音乐，触动人的感动之弦，不由得内心澎湃、翻腾起来。图中的短视频在爆款内容的基础上，又加上其中的正能量展现，都轻松地获得了几十万的点赞。

📌 **小贴士：** 对受众来说，短视频平台更多的是作为一个打发无聊、闲暇时光的所在，吸引了众多人关注。而运营者可以针对平台上的人数众多的用户群体，多发布一些能激励人心、感动你我的短视频内容，从而让无聊变"有聊"，让闲暇时光也充实起来。这也是符合短视频平台内容的正确发展之路的。

3.7.2　具有高"颜值"

关于"颜值"的话题，从古至今，有众多与之相关的成语，如沉鱼落雁、闭月羞花、倾国倾城等，可见，颜值高，还是有着一定影响力的，有时甚至会起决定作用。

这一现象同样适用于爆款短视频打造。当然，这里的颜值并不仅仅是指人，还包括好看的事物、美景等。

从人的方面来说，除了先天条件外，想要提升颜值，有必要在自己所展现出来的形象和妆容上下功夫：让自己看起来显得精神，有神采，而不是一副颓废的样子，这样也是能明显提升颜值的；先化一个精致的妆容后再进行拍摄，更是轻松提升颜值的便捷方法。

从事物、美景等方面来说，是完全可以通过其本身的美再加上高深的摄影技术来实现的，如精妙的画面布局、构图和特效等，就可以打造一个高推荐量、高播放量的短视频。图 3-43 所示为高颜值的美食、美景短视频截图。

图 3-43　高颜值的美食、美景短视频

3.7.3　内容是干货

包含干货内容的爆款短视频是一种可以为用户提供有用、有价值的知识和技巧的短视频。

随着短视频行业的快速发展和行业的调整，其他类型的短视频在受用户欢迎的程度上可能会发生大的变化，但是对用户来说，干货类短视频内容是不会随之湮灭的，还有可能越来越受重视，且极有可能通过日益积累的结构化的内容输出，慢慢地把自身账号打造成大的短视频 IP。

小贴士： 相对于纯粹用于欣赏的短视频而言，干货类短视频有着更宽广的传播渠道。一般来说，凡是欣赏类的短视频可以推广和传播的途径，也可以用于干货类短视频推广和传播；但是有些干货类短视频可以推广和传播的途径，却不适用于欣赏类短视频的推广和传播。例如专门用于解决问题的问答平台，一般就只适用于发表和上传有价值的干货类短视频，欣赏类短视频没有太多发展的余地。

一般来说，干货类短视频包括两类，换句话说，就是干货类短视频具有知识性和实用性两种特征。

所谓"知识性"，就是短视频内容主要是介绍一些有价值的知识。例如关于汽车、茶叶等某一行业方面的专业知识，这对于想要详细了解某一行业的用户来说是非常有用的。图 3-44 所示为专门介绍和讲解汽车知识的短视频案例。

图 3-44 介绍和讲解汽车知识的短视频

小贴士： 另外，一些介绍历史、文学常识的短视频，对人们来说既是有价值的干货内容，同时又具有一定的欣赏性。

所谓"实用性"，着重在"用"，也就是说用户看了短视频内容后可以把它们用在实际的生活和工作中。一般说来，实用性的短视频内容是介绍一些技巧类的实用功能的。如果说介绍茶叶类别的是知识性的干货类短视频，那么告诉大家一些炒茶、沏茶和清理茶具的方法和技巧就是实用性的干货类短视频，如图 3-45 所示。

图 3-45　介绍茶叶相关实用知识的干货短视频

3.7.4　发现生活中的感动

在日常生活中，人们总是会被能让人产生归属感、安全感的事物，以及产生爱与信任的事物所感动。例如一道能让人想起爸妈的家常菜，一份萦绕在两人中间的温馨的爱，一个习以为常却体现细心与贴心的举动等。这些都是能让人心生温暖的正面情绪，当然，它们也最能触动人们心中柔软之处的感情，且是一份持久影响人内心的感情。

而短视频作为一种常见的、日益发展起来的内容形式，反映了人们的生活和精神状态。感动人的感情和场景都是短视频中比较常见的内容，也是打造爆款内容不可缺少的元素。

3.7.5　短视频主角萌态十足

在移动互联网中，"萌"作为一个特定形象，奠定了其在用户中的重要的审美地位，同时也得到了很多用户的喜欢，无论男女老少，都有它的忠实粉丝。更不要说在短视频这一碎片化的视频内容中，瞬间的"萌态"和具有"萌态"的事物是能一秒吸睛的，"唯萌不破"说的就是如此了。

特别是在短视频平台上，以"萌"制胜的短视频内容类型不可谓不多。总的说来，包括 3 种，如图 3-46 所示。

以"萌"制胜的短视频内容	可爱的萌娃萌妹，是众多妈妈发布短视频时所要展示的骄傲，他们随便的一个语音、一个动作、一个笑颜都能柔软众多用户的心
	毛茸茸的猫猫狗狗等小动物，也是众多用户喜爱的，它们能在很大程度上保证获得高流量，特别是展现小动物的卖萌场景
	各种各样的展现萌态的玩偶，也是众多年轻女性和小孩喜欢的，然后再配以生动、形象的内容说明和故事，更能吸引人关注和购买

图 3-46　以"萌"制胜的短视频内容的 3 种类型

图3-47所示为短视频平台上以"萌"制胜的短视频截图,不管是萌娃,还是小动物,都尽情展现出了他(它)们的可爱和萌态。

图 3-47 以"萌"制胜的短视频

📌 **小贴士**:深受大家喜欢的萌,是短视频平台上不可缺少的角色。如果运营者要在这个方向上发展,可以参考现有的萌宠播主来运营。

关于短视频平台上的萌宠播主,其内容一般具有 4 个特点,如图 3-48 所示。

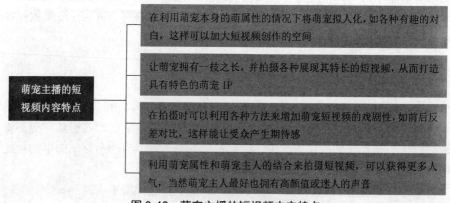

图 3-48 萌宠主播的短视频内容特点

3.7.6 展示高超技艺

对运营者来说,如果所拍摄的短视频内容是专注于某一类事物,且视频中展现的内容体现了主人公和其他人(物)非凡的技艺,那么,这一类短视频也是非常吸引人的。

图 3-49 所示的两个短视频案例,都是展现主人公超凡的刀法,前者是利用西瓜雕刻的花朵和主题文字,后者是使用南瓜雕刻的栩栩如生的鱼。二者都是操作者在工作和生活中经过长期训练才能做到的,体现了内容的专业性和技艺的精深。

图 3-49 展现高超技艺的短视频

这类爆款短视频并不是所有人都能打造出来的，只适合在某一领域有优势和特长的运营者。

3.7.7 包含幽默情节

在短视频平台上，人们在无聊和闲暇时间喜欢观看的短视频除了上述几类外，还有一种就是利用搞笑、恶搞来打造爆款内容的短视频。且这一类短视频内容在各平台上还是比较受用户欢迎的。

📌 **小贴士：** 搞笑、恶搞类短视频内容受欢迎的程度，除了表现在用户喜欢观看外，还表现在以下两个方面：一是不同性别、不同年龄的用户也喜欢制作该类短视频；二是不同性别、不同年龄的用户也乐于分享该类短视频。

所以，用户在打造爆款短视频时，可以从搞笑、恶搞的角度着手，运用各种创意技巧和方法对一些比较经典的内容和场景进行视频"编辑"和"加工"，也可以对生活中一些常见的场景和片段进行恶搞的拍摄和编辑，从而打造出完全不同的、能给人娱乐和使人发笑的短视频内容。

这样的短视频内容，在各大短视频平台上都比较常见，也有众多专门以制作搞笑、恶搞类视频的运营账号，如抖音短视频平台上的"搞笑日常""搞笑视频""搞笑工场"和"搞笑King"等。

图 3-50 所示为"搞笑视频"就是一个专门做搞笑段子的抖音账号，该账号的短视频内容都是以搞笑的文字片段为主，还包含短视频不可少的"动画＋配音"。

✏️ **课堂讨论：** 简单描述爆款短视频，通常其内容都包含哪些核心要素。

图 3-50 "搞笑视频" 的抖音账号和相关短视频

3.8 本章小结

随着短视频内容的爆发，用户的品位越来越高，优质的内容才是短视频吸引用户的核心因素。完成本章内容的学习之后，要了解短视频内容的分类，掌握短视频内容的创作方法和技巧，策划出精彩的短视频内容。

第4章 用户的运营与管理

短视频的用户运营可以被简单理解为依据用户的行为数据，对用户进行回馈与激励，不断提升用户的体验和活跃度，促进用户转化。本章主要讲解什么是用户运营，并且结合目前的短视频自媒体的发展现状，从用户的拉新、留存、促活、转化4个方面讲解用户运营的策略。

4.1 理解短视频用户运营

在互联网环境下，内容消费者，即用户，是内容产品和运营中最重要的因素之一。对于具备互联网思维的内容从业者来说，内容行业的本质就是用户思维，用户喜欢的内容就是好内容。那作为一名短视频行业的运营人员，该如何做好用户运营呢？

4.1.1 什么是用户运营

广义来说，围绕用户展开的人工干预都可以被称为用户运营。用户运营的核心目标主要包括拉新、留存、促活、转化4部分。一切用户运营的手段、方法都围绕这4个核心目标展开。

（1）拉新，即拉动新用户，扩大用户规模。拉新是用户运营的基础，也是运营工作永恒不变的话题。用户的心智在发生变化，内容需要更新迭代来保持活力，只有不断拉新注入新的血液，才能产生源源不断的动力，形成良性的生态循环系统。

（2）留存，即防止用户流失，提升留存率。留存是拉新之后的工作重点，新用户通过各种途径进来后，如果没有找到感兴趣的内容，或者后续推出的内容不符合这部分用户的兴趣爱好，都会造成用户流失。

（3）促活，即促进用户活跃，提升用户活跃度。留存率稳定后，做好用户促活，提升用户黏性、互动度则是工作重点。

（4）转化，即把用户转化为最终的消费者。无论是广告变现、内容付费，还是通过电商盈利，将流量转化为营收才是最终目的。

> 小贴士：在短视频行业，几乎所有内容产品的用户运营工作都可以分为这4个核心目标。用户规模是商业化的基础，拉新和留存是为了保持用户规模最大化，

促活是为了提高用户活跃度，增强用户黏性和忠实度，而用户和创作者之间的信任关系又是促成最终转化的关键动力。

4.1.2 不同阶段的用户运营

用户运营的核心目的很明确，就是拉新、留存、促活、转化。但随着内容产品的不断发展更迭，不同阶段用户运营的侧重点不同。例如在最初阶段，拉新工作是重中之重，而当用户达到一定规模时，则需要考虑促活和转化问题。内容产品的生命周期决定了运营的侧重点。我们可以将用户运营工作分为以下 3 个阶段。

1. 萌芽期

在内容产品的萌芽期，运营工作的首要目标就是拉新，培养第一批核心用户。对于用户运营来说，可以细分为寻找潜在目标用户、筛选过滤目标用户、培养用户忠实度这 3 部分工作。

萌芽期的拉新方法如图 4-1 所示。

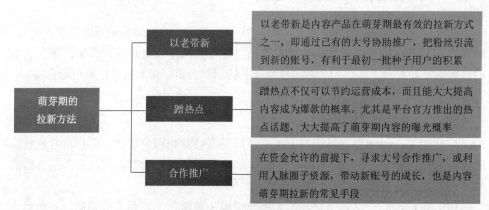

图 4-1 萌芽期的拉新方法

第一批用户进来后，一定会有部分用户流失，这就是用户的筛选过滤的过程。并不是所有的目标用户都会对这个阶段的内容感兴趣，留下的则是与账号内容匹配的用户。

那应该如何匹配用户需求和内容呢？

最实用有效的方法就是借助数据工具对这批用户画像。当用户画像结果与预想一致时，说明内容和用户需求的匹配度较高，内容大方向不需要做调整。如果用户画像与预想出入较大，则应该进一步思考是否需要调整内容大方向，或进行新一轮拉新，再测试结果。

过滤匹配完成后，下一步要做的就是突出自身差异化优势，逐渐建立口碑，培养用户忠实度。

2. 成长期

在内容产品的成长期，运营工作的主要目的是解决增长模式和用户活跃度的问题，对应到用户运营上，则可以细分为拓宽用户增长渠道、加强内容质量把控、提升活跃度这 3 部分工作。

首先，要拓宽用户增长渠道，方式主要有两种：一种是增加内容分发渠道，覆盖更多潜在用户，提升影响力；另一种则是打造内容矩阵，发挥各个账号之间的辐射作用，建立科学的用户增长机制。

其次，对于成长期的内容产品，提升内容质量是提升留存率的根本手段。只有加强对内容质量的把控，重视数据反馈，并根据数据反馈对内容进行定向优化，才能源源不断地产出好内容。

此外，成长期的内容产品应该重视提升用户的活跃度。活跃度高、黏性强的用户，更容易转化为最终的消费者。

成长期提升用户活跃度的方法如图 4-2 所示。

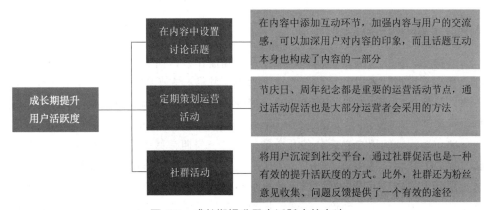

图 4-2　成长期提升用户活跃度的方法

🔨 **小贴士**：好的运营互动不仅可以提升用户活跃度，还可以形成二次传播，完成新一轮的拉新目标。成长期的内容产品面临的机会最多、挑战也最大，这个阶段的影响力基本决定了内容是否能够在市场中脱颖而出。

3. 成熟期

商业变现通常会在内容产品的成熟期开展，当然部分以电商营利的内容产品也会在成长期开始踏入商业化进程。在成熟期阶段，用户运营的工作重点就是将用户转化为消费者，并及时收集用户对商业化行为的反馈。

在没有取得用户信任的前提下，频繁的商业化行为，或无趣的硬广告会让用户产生很强的排斥心理，用户和内容之间刚刚建立的信任感会被摧毁。

那么应该如何收集用户对商业化行为的反馈呢？以广告植入为例，当内容中植入了广告，运营人员可以通过评论、弹幕内容分析，判断用户对商业化行为的接受程度。

行业竞争愈加激烈，用户注意力越来越稀缺，在这样的行业环境中，缺乏用户思维的"好"内容大多数只是创作者的自嗨，很容易在市场竞争中被淘汰。只有在内容产品的不同发展阶段，根据实际情况不断调整运营侧重点，才有可能在这场淘汰赛中走得更远。

课堂讨论： 简单说说什么是用户运营，以及用户运营的核心目标是什么。

4.2 拉新：粉丝的初期积累

拉新是用户的初期积累。"让潜在用户首次接触到产品。"这个过程是用户运营的基础阶段，也是必要的阶段。用户是短视频生命的源泉，保持一定用户量的增加，短视频才有持续发展的动力，才能形成良好的循环系统。如何拉新用户，需要从用户属性、传播者和内容上来分析，从而制定用户拉新的策略。

4.2.1 基于兴趣点的聚集

传播学"使用与满足"理论是从受众的角度出发，研究"受传者如何使用传播媒介和如何选择信息以满足自己需求的理论，其核心在于把研究的焦点放在受传者一方，从信息接受者来考察传播效果，把受传者的选择行为用个人的需求和兴趣来加以解释，探索受众如何为达到个人的满足和需求而使用媒介，选择传播内容。"

关注短视频的用户必须具备几个条件，其一需拥有移动互联网设备并且联网，其二需要下载相关短视频 App。具备了这两个条件，就可能成为短视频的用户。在这一部分用户中，可以根据用户属性更加精确定位受众人群，用户基于兴趣点的聚集符合"使用与满足"理论。该理论把受众成员看做有特定需求的个人，把他们的媒介接触活动看成基于特定需求的动机来"使用"媒介，从而使这些需求得到满足的过程。

在互联网社交平台上，受众选择自己感兴趣的内容，他们的媒介接触动机满足了自己对感兴趣内容的需求，具有能动性。在这里，受众不是大众社会论中"受众绝对地被动"而是"有选择地接触"。

例如，以美食类短视频为例，关注美食短视频的用户有两个基本属性：第一个属性是兴趣，这类用户对美食有一定特殊的感情，即所谓的美食爱好者，他们基于兴趣去观看美食短视频，如图 4-3 所示。第二个属性是需求，人们在日常的生活中想要学习某个菜肴时，教程类的美食短视频就有了用武之地，能够满足受众的需求，如图 4-4 所示。他们在关注与美食相关的短视频时，是一种主动关注甚至是寻找的状态。

高质量的内容分发能够真正建立起用户与内容的有效的连接，提升短视频的竞争力。随着大数据算法技术的不断升级，短视频社交平台会以用户数据作为基础，通过浏览频率、搜索热度等数据判断用户喜好，进行算法推荐，为更优质的内容提供曝光的机会。曝光可以促进用户量的增长。短视频自媒体平台在发展初期会尝试搭载平台流量的顺风车来助力用户的聚集。

图 4-3　美食探店短视频　　　　　　图 4-4　美食制作教程短视频

4.2.2　提高关注度和互动率的技巧

提高账号的关注度和互动率，首先离不开优质的内容、丰富的主题及持续的更新，这是做好短视频账号最重要也是最基础的部分，后面一系列的运营和变现都是基于这些条件的。那么除了这些基本操作外，还有哪些小技巧呢？

1. 发动认识的人参与

短视频平台虽然会将视频推荐给一些好友，但是毕竟有限。除了利用优质内容吸引自然粉丝外，还可以发动认识的人去关注或参与某些互动活动，如邀请社群里的人员、自己的老客户以及亲朋好友等。

2. 用社交平台导流

短视频平台是一款具有社交属性的 App，要想让自己的账号快速涨粉，可以去其他社交平台引流。如果你在微博、微信或其他自媒体平台拥有一定量的粉丝，则可以将他们导流到短视频平台上，尤其是一些大号，一旦入驻短视频平台，自然也会有以前的老粉丝跟着迁移过来。

3. 参与话题活动

账号关注度的增加最主要还是靠短视频的曝光量。只有短视频的曝光次数增加，才有可能被更多的用户看到，进而产生关注。因此，要多多参加短视频平台的话题活动，话题活动的流量一般都非常大，可以带来很好的涨粉效果，尤其是一些能让人产生共鸣的话题。

案例　　**参与话题活动，吸引用户关注**

以抖音平台为例，2020 年初抖音聚焦美食垂直类创作者，重磅推出"美食趣胃计划"，提供 20 亿流量扶持，并全面升级了官方认证、版权保护、商业变现、功能体验等达人权益。创作者每月发布至少 4 条美食原创抖音短视频作品，并添加话题

"美食趣胃计划"即可成功加入该计划。只要内容质量与综合数据较好，就有机会获得抖音平台的官方流量扶持。

图4-5所示为"美食趣胃计划"和相关短视频截图。

图4-5 "美食趣胃计划"和相关短视频

🖋 **小贴士：** 加入话题就是可能被曝光的信号，这样发布的内容与平时发布的内容有所不同，能够增加曝光量，被更多的用户看到，从而提高新用户关注的概率。

4. 在评论区发力

评论区对于互动和引流具有非常大的作用。短视频平台试图以发布者的内容为原始素材，来引发全民交流和互动。因此，要想获得更多的关注和互动，就要多在评论区发力，从而积累用户的关注。图4-6所示为短视频创作者与粉丝在评论区互动。

其实，除了在评论区互动之外，还可以拍摄比较有互动性的视频，让用户看到后有与你合拍的欲望。例如，你拍一个吹口气的视频，就可以延伸出很多有趣的玩法；你做一个打拳的动作，别人往一边一倒，就是很好的合拍；你也可以倒一杯水递过来，合拍的人拿一杯水喝一下。图4-7所示为短视频合拍效果。

总之，可以在视频里预设很多互动的梗，发动大家参与互动。

5. 加入互粉群

无论对于素人还是大咖，互粉互推对于涨粉来说效果都十分明显，尤其是一些才开始做的账号，可以加入一些互粉群。当粉丝增加到一定量后，可以找实力相当的人互推，这曾是微博最有效的涨粉方法之一，目前在短视频平台上也可以利用。

6. 利用主页面背景图做引导

我们打开很多大号的主页面都会看到类似"是谁这么优秀要关注我""这个是啥，你点下试试""养宠物的人都点了关注"等引导语，如图4-8所示，用户如果觉得账号内容还不错，就会按照引导直接点关注。

图 4-6　与粉丝在评论区互动

图 4-7　短视频合拍效果

图 4-8　在账号主页背景中添加引导语

7. 自建流量池

无论是哪个平台上的粉丝，最好都将其沉淀到个人微信或社群中形成自己的流量池。这样的话，无论有什么活动，都能与粉丝第一时间互动。如果需要获得粉丝的支持和点赞，就可以利用奖励等形式，发动粉丝们来参与。

小贴士： 也有个别账户存在买粉、刷粉的行为，虽然这种行为能使账号在短时间内快速涨粉，但还是存在一定的风险，最好不要采用。

4.2.3　9 个技巧推动平台短视频传播

在用户拉新阶段制作的短视频，除了在主题方面要有特色外，还应该注意从一些细节和大家喜欢的内容形式出发来打造爆款内容，推动短视频传播，从而吸引更多的粉丝关注。

1. 贴近生活——满足用户需要

运营者和用户都是处于一定社会环境中的人，一般都会对生活有着莫名的亲近和深刻的感悟。因此，在制作短视频时，首先要注意贴近生活，这样才能接地气，引起用户关注。

具体说来，贴近人们的真实生活，有利于帮助人们解决平时遇到的一些问题，或者可以让人们了解生活中的一些常识。这一类短视频内容在平台上很常见。用户看到这一类短视频，都会基于生活的需要而忍不住点击播放。

案例 贴近生活的短视频标题和内容，更容易吸引用户

图4-9所示为一个标题为"自驾318国道需要多少钱？"的短视频，该短视频内容就是围绕途经318国道去西藏需要花费多少钱来介绍的，这对于准备自驾去西藏的用户来说，会觉得很有价值。且在推广时，短视频标题就是使用问句的形式，点明了该短视频的内容，有利于加快推广。

图4-9　贴近生活、点明主题的短视频

2. 第一人称——提升信服感

在日常生活中，人们总是相信亲身实践、亲眼所见和亲耳所听的事情，即使它不是真正的事实，但更容易让人信服。

短视频内容虽然相较于软文、语音内容来说更具真实感，但是如果利用能体现亲身实践、亲眼所见和亲耳所听的"第一人称"来进行叙述和说明，更能增加真实感，也更能引导用户去关注。特别是在通过短视频内容来推广企业产品和品牌方面，会更有说服力。

其实，在短视频内容中使用"第一人称"来叙述，其目的就是打造一个有着鲜明个性化特征的角色，这也是让视频更具有现场感的关键步骤。关于短视频中的"第一人称"表达方式，具体分析如图4-10所示。

可见，运营者使用"第一人称"表达方式来打造短视频内容，不仅有利于构建人格化形象，还可以通过真人出演来提升信服感，特别是在有明星、达人参与的情况下，其关注度将会更高，传播效果也会明显更好。因此，可以多多使用这一方法来推广短视频内容。

3. 关注热门——自带流量

人们在观看短视频时，一般手指滑动的速度会比较快，在每一个视频上决定是

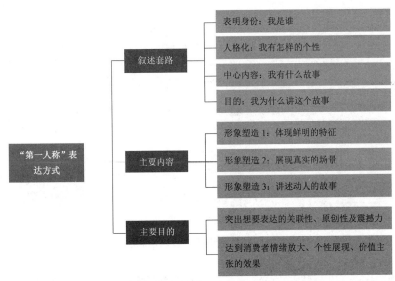

图 4-10　短视频中"第一人称"表达方式分析

否观看的时间很短。因此，运营者要做的就是在看到的一瞬间让用户决定留下来观看。而要做到这一点，借助热门内容的流量并激发用户共鸣就显得尤为重要。那么，运营者应该如何做呢？

运营者应该从两个方面着手：一方面是寻找用户关注的热门内容，这也是运营者推广和传播短视频时必要的方法和策略；另一方面，运营者可以利用短视频 App 上的一些能快速、有效获取流量的活动或话题，参与其中进行推广，这样也能增加短视频内容的曝光度和展示量。

关于推广短视频的热点的寻找，可以利用的平台和渠道还是很多的，且各个平台又有不同渠道。例如，在抖音平台上，就可通过以下 4 个渠道洞察用户喜欢的热点内容。

（1）通过抖音热榜，运营者可以知道实时的热门内容数据，包括最热的内容是什么，最火的视频有哪些，用得最多的音乐是什么等，如图 4-11 所示，从而找到能激发用户共鸣的热门内容。

（2）通过抖音"抖音热榜"页面展示的热门话题，如图 4-12 所示，运营者可深入了解用户喜欢关注的热门内容，从而把自身品牌与之关联起来。

（3）通过"头条易"公众号上的抖音 KOL 实力排行榜单，运营者可准确获悉受欢迎的 KOL 所属的领域和类型，以及他们创作的传播广泛的内容，从而找准热门内容方向，如图 4-13 所示。

（4）通过人们熟悉的节日热点以及抖音平台上相关的挑战赛，运营者不仅可以参与，同时还可基于固定的日期提前准备和策划，从而打造吸睛的挑战赛或内容，实现蹭流量和热点的目标。图 4-14 所示为抖音平台上的"周生辰我来嫁你了变装"挑战赛活动相关截图。

图 4-11　抖音的热榜、音乐榜和品牌榜

图 4-12　通过"抖音热榜"页面找到不同类型的热门话题

图 4-13　抖音 KOL 实力排行榜单

图 4-14　"周生辰我来嫁你了变装"挑战赛活动相关截图

当然，在寻找热门内容之前，运营者应该有一个大体的方向，也就是要有个衡量标准——哪些内容更有可能让用户喜欢关注和乐于传播，这样才能让自己制作出的短视频内容在激发用户共鸣方面产生作用，进而大火。那么，运营者在短视频内容方面应该把握好怎样的方向呢？

其实，用户感兴趣的内容可能有很多，且不同用户的兴趣点和情绪点也会不同，因而可选择的方向还是很多的。但是，要想安全、快速地实现运营推广目标，最好选择以下 4 类内容中的热门内容最合适，如图 4-15 所示。

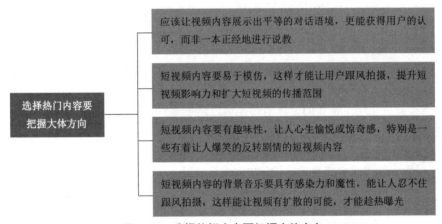

图 4-15　选择热门内容要把握大体方向

4.讲述故事——用户更易接受

在打造优质的短视频时，要尽量向用户传达重点信息，这里的重点不是营销人员认为的重点，而是用户的需求重点。那么，究竟哪些信息对用户而言是迫切需要了解的呢？我们将其具体内容总结如图 4-16 所示。

在短视频中传递这些信息内容时，为了避免让用户产生抵抗和厌烦心理，可以采取讲故事的形式来进行展示。因为用户对营销类内容很难一下子接受，所以如果企业在打造短视频时能够充分掌握用户爱听故事的这种心理，就能更加轻松地传递出自己的特色信息。

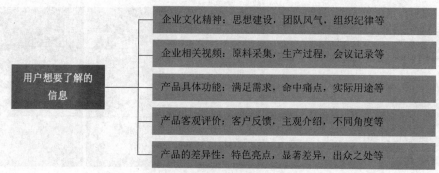

图 4-16　用户想要了解的信息

　　不同于单调死板的介绍，讲故事的方式能够很好地吸引住用户的注意力，让他们产生情感共鸣，从而更加愿意接收短视频中的信息。而且，故事与企业、产品、用户都密切相关，也就更容易打造成故事的形式。

　　所以，想要打造出受人欢迎和追捧的短视频，就应该从各个角度考虑、分析如何更好地用讲故事的方式来表达，可参考如下几个方面。

　　（1）创业人生：可以在营销型视频中添加讲述企业创始人的故事，以引起用户的注意。

　　（2）产品价值：围绕产品价值讲述故事，加入一些小创意，吸引客户眼球。

　　（3）品牌故事：品牌故事的表达可以借助情景剧的形式来进行，关键是要留下深刻印象。

　　（4）用户反馈：对于用户的反馈，是很多用户都要关注的问题，因此企业要用真实案例来讲述。

　　（5）企业发展：企业的发展历程也可以用平易近人的故事形式来表达，不过要注意真实性，不可随意编造。

案例　　**通过短视频表现品牌历史和发展故事**

　　以"恒源祥"品牌为例，短视频选取了该品牌发展的重要历史节点，按时间线的顺序，通过图文相结合的方式，介绍了其品牌发展的历史，其中不仅带入了品牌成长的故事，也融入了产品的理念。

　　图 4-17 所示为"恒源祥"品牌发布的"一分钟看完恒源祥品牌历史"短视频。

　　小贴士：人们喜欢倾听故事，从小时候看童话和寓言故事到长大了看电视剧、电影，人们一直都在聆听、观看别人的故事。因为人总是喜欢与自身不同的故事，从而渴望从别人的故事中看到不一样的东西。因此，讲故事的方式容易抓住客户的痛点，使用得当会有意想不到的成效。

　　5. 激起共鸣——用户热衷观看

　　在短视频平台上，除了可以通过贴近生活的内容和添加趣味来推广短视频外，

图 4-17　"恒源祥"品牌历史短视频

还有一点非常重要，那就是唤起人们共同的情感。正因为如此，就有一些短视频内容是以青春、亲情、励志、感人等为主题的，目的是让更多的用户从短视频内容中得到精神享受。另外，还能让更多的用户从短视频内容中找到自己的影子，体会到与自己相似的人生体验，带给观众关于人生各方面的思考，从而引起共鸣，让用户更加热衷于观看和分享短视频。

案例　　关注社会热点，弘扬正能量，激起用户共鸣

图 4-18 所示为"豫见平凡英雄"的短视频案例。

图 4-18　能够引起情感共鸣的短视频案例

河南遭遇暴雨袭击，车辆被淹水中，车上还有两个孩子，车主通过手机外卖平台向附近的商户求助，于是就出现了普通商户群众自发救助被洪水围困车辆中儿童的场景。通过观看其中的情节，用户会深深地感受到其中所传递的向陌生人伸出援助之手的正能量，从而产生情感共鸣。

6. 添加趣味——更招人喜欢

在推广短视频时，如果适当地在短视频内容中添加一些趣味，也可以吸引用户的注意力。因为单单保证视频的质量还不够，重要的是让用户在观看了短视频后主动分享给身边的人，这样才会达到更好的效果。

那么，在向短视频中添加趣味的时候，具体应该怎么做呢？无非就是添加趣味的情节、使用充满趣味的解说词以及创新表达方式。总之，中心不要离开一个"趣"字，因为人们都喜欢接受充满快乐和新意的事物，因此有趣的短视频总是招人喜欢的。

案例 "土话连篇"账号以趣味性获得用户喜爱

短视频平台中有很多以方言为主的短视频，大多是以真人出镜，内容也主要是以某一种方言为主。而"土话连篇"账号中的短视频内容，同样是以方言段子为主，不同之处在于其内容表现并不是一种方言，而是全国各地的不同方言，并且配以卡通形象的表现，使得短视频内容更加富有趣味性，形式更招人喜欢。

图4-19所示为"土话连篇"的抖音账号和相关短视频。

图4-19 "土话连篇"的抖音账号和相关短视频

小贴士： 值得注意的是，让用户觉得视频有趣不是一件容易的事情，因为不是每个人的兴趣点都完全一致。因此，在向短视频中添加趣味的时候要仔细琢磨，最好从各个方面综合考虑，有针对性地进行趣味添加。

7. 强震撼力——产生视觉冲击

短视频的优势很多，但其给人最为显著和直观的感受就是富有震撼力和冲击力。那么，要从哪些方面去做才能让短视频更富张力呢？我们将其方法总结如图4-20所示。

而且，短视频的这一优势还可以从宣传整体、展示细节、直观全局以及细观局部等4大板块体现出来，在打造与产品相关的短视频内容时，要谨记从这4个方面去思考，去完善。

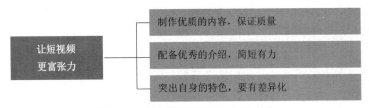

图 4-20　让短视频更富张力的方法

"宜家家居"账号通过鲜明个性的色彩使短视频表现出视觉冲击力

以主打家居产品的宜家为例，其推出的短视频就以大胆的创意、梦幻的色彩风格、简洁直观的讲解为主，给受众带来了极大的视觉冲击力和震撼力，并留下了深刻的印象。

图 4-21 所示为"宜家家居"发布的色彩具有强烈视觉冲击力的短视频。

图 4-21　"宜家家居"所发布的短视频

🔖 **小贴士：** 短视频的这一优势不仅可以提升产品的销量，还能够帮助企业打响品牌，树立口碑，是不可多得的优势之一。要学会利用短视频进行推广，从而提升营销效果。

8. 多样场景——呈现更形象

用户观看短视频，一般都是出于闲暇、娱乐的心理来观看的，而不会去观看表现生硬的品牌内容。如果想要让短视频内容的呈现更形象、具体，那么考虑把视频内容与用户的生活场景结合起来是值得借鉴的好方法。

那么，如何巧妙地把视频内容与用户的生活场景结合起来呢？具体来说，有多种方法可实现，下面介绍短视频中运用得比较多的一些方法。

（1）使用抖音风格背景音乐，借用与其"绑定"的特定场景。

（2）使用抖音上的拍摄技巧来展现短视频和构建多变场景。

（3）从设定人物角度切入和构建场景，展示情感，激发共鸣。

（4）通过镜头剪辑来展示生活场景，描绘出美好生活蓝图。

（5）把握好视频内容节奏，将场景变化与情节起伏关联起来。

（6）打造具有幽默感的、前后形成反差的场景，突出主题。

9. 黄金时间——提升转化率

所谓"黄金时间"，即短视频内容中视听率最高的时段，一般是短视频的开头几秒钟。这一概念在短视频类的广告中比较常用，大家熟悉的抖音平台上的短视频品牌广告也是如此。

运营者在推广短视频广告时，需要注意对黄金时间的把握，从而最大程度提升品牌和短视频内容的推广效果。图 4-22 所示为把握好黄金时间的 5 大要点介绍。

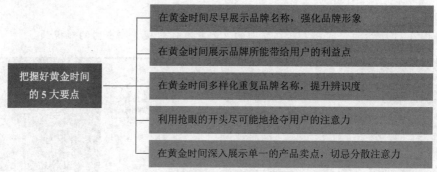

图 4-22　把握好黄金时间的 5 大要点介绍

如今，很多品牌都入驻了短视频平台，它们充分遵循黄金时间的短视频品牌广告推广技巧，制作转化率超高的传播内容。图 4-23 所示为小米手机的短视频案例。图中的两个案例都是在黄金时间深入地把一个卖点传达给用户，如 120W 疾速秒充、小米平板 5 定价等，并在开头以抢眼的内容吸引了受众的注意力。

图 4-23　在黄金时间展示短视频主题

课堂讨论： 在用户运营的初期，可以通过哪些方式吸引新用户关注，提升账户的关注度。

4.3　留存：用户向粉丝的转变

用户运营是一个循序渐进的过程，拉新来的用户并不是静止不动的，通过促销活动留下来的用户需要进行粉丝化的过程。所谓粉丝化是"基于价值观认同和情感共鸣而产生的强关联，以利益为基础，但又超越于利益之上"。简而言之，留存这一步就是将关注者转化成有忠诚度的粉丝。

4.3.1　优化用户体验

短视频作为一个影视产品给受众体验影响较大的就是画质，随着微博、微信等新媒体的出现，媒体去中心化的趋势不断明显。智能手机的普及使得 UGC（用户原创内容）成为现实，加之短视频的制作门槛低，其质量也呈现参差不齐的状态，一些头部短视频做得很专业，不管是在视频的制作和策划上都很考究。

在创作初期，由于设备条件有限，质量都不是很高，譬如一些短视频自媒体在创作初期的设备是手机，无论是拍摄的场地还是视频最终的效果都不够美观，随着用户的关注度的提高，这些短视频自媒体会提升自己的视频质量和内容。

案例　吃播自媒体通过优化用户体验实现用户留存

"就是气气"是吃播类的短视频自媒体，其在 B 站上拥有 70 多万粉丝，早期视频的拍摄场景主要在学校食堂和寝室，无论是视频的画质、声音还是主播的表现都还不成熟。随着用户关注量的增加，视频质量也开始改善，无论是在设备的更新还是内容的策划上都更加规范和规律，逐渐形成了自己的风格。不仅有了专门拍摄的小场地，视频的画质也有了很大的改善。这样做的目的主要是为了维护好关注她的粉丝，让留下来的这些粉丝有更好的观看体验。

图 4-24 所示为"就是气气"的 B 站主页。

需要注意的是，常见的"吃播"或者"大胃王"不得浪费粮食，从平台层面上对浪费粮食或者宣传无节制消费等行为都是抵制的。

给用户更好、更优质的视觉体验是短视频自媒体的初级工作，想要保持更长久的生命力就要努力改善现状。这个生命力是由短视频自媒体自主赋予的，用户可以在日常更新的视频中感受到发布者的用心。想要用户持续关注，就要重视这种初级的工作，提升视觉上的体验很重要。

图 4-24　"就是气气"的 B 站主页

优化心理的体验是短视频的升华，传递给受众的是一种生活态度，改变了用户的心理状态，同时也是用户留存下来的理由之一。

案例　优化用户心理体验，留住用户

"小白便当"是一对北漂的小夫妻，他们是在北京生活的千万夫妻档的缩影，热爱生活、热爱美食，在忙碌的工作之余也能够一起下厨做饭，这种通过一起做饭表现出温情的生活，能够引起受众共鸣，增加用户持续关注的动力。

图 4-25 所示为"小白便当"的抖音账号和相关短视频。

图 4-25　"小白便当"的抖音账号和相关短视频

"日食记"也是传递美好的短视频自媒体之一，一猫一狗一人食，向用户传递着一个人也要好好吃饭的思想。关注它的用户也是努力认真生活的年轻人，这种短视频已经不单单具有娱乐消遣的功能，它带给受众的心理体验才是视频传递的重点。

图 4-26 所示为"日食记"的抖音账号和相关短视频。

图 4-26　"日食记"的抖音账号和相关短视频

4.3.2　保持优质生产力

保持优质的生产力是将用户留下来的又一个必要条件。从用户关注到转化为粉丝持续忠诚地关注，短视频账号需要有持续的生命力才可以，尤其是个人创作者。

1. 个人创作者保持规律化运营

UGC（用户原创内容）的生产主体是普通用户，针对短视频来说，就是自主发布内容的一部分人。这部分人的创作特点是感性、随心所欲，创作的能力有限，运营的时间成本也更高。当内容创作进入瓶颈期后，必定会导致内容质量的下降，更新速度减慢，受众的黏性就会减弱，直至脱粉。

内容的同质化是目前短视频的一个发展现状，这是 UGC 发展到一定阶段必然面临的问题。如何在千篇一律的短视频中脱颖而出，能够创出用户持续关注的动力，需要规律化的运营。

所谓规律化的运营，是指内容发布不能够"三天打鱼两天晒网"，要有持续输出的能力。尤其是积累一定的粉丝之后，本着对粉丝负责的思想，也必须坚持创作和发布，所以说坚持创作是保持生命力的第一要义。

案例　**保持优质内容生产，留住用户**

"麻辣德子"是抖音平台的一个头部美食创作者，在抖音上有 3000 多万粉丝，他的视频内容是典型的教程类内容，即"一期一道家常菜"，是个人创作者的一个优秀的案例。他的主页上有上千期视频，累计关注家常菜上千道，他之所以能够在万千美食创作者中脱颖而出，得益于他持续性的创作能力。这在内容的数量上能够体现出来。同时他也能在同质化的内容中做出细微差别。

图 4-27 所示为"麻辣德子"的抖音账号和相关短视频。

图 4-27 "麻辣德子"的抖音账号和相关短视频

2. 专业创作者打造差异化运营

PGC（专业生产内容）的生产主体是在某些领域具备专业知识的人士或专家，他们在特定领域里具有一定影响力和知名度。PGC 生产机制的内容具有专业、深度、垂直化等特点，表现在特定的短视频领域，指在内容的发布和制作上有一定的差异性，内容质量相较于 UGC 来说更有保证，运营更加规范。

"日日煮""日食记"都是美食领域的 PGC，他们拥有专业的团队和公司致力于美食内容的制作和拍摄。他们在运营上的差异化体现在通过内容积累了一部分粉丝之后，通过推出文创产品、相关书籍和相关课程来维系用户。

"日食记"在创作内容之余也会制作一些礼物，譬如带有日食记元素的手账本、水杯、T 恤、手机壳等，这些文创产品会通过礼品赠送给用户。

"日日煮"推出了相应的美食课程，通过知识付费将用户留存下来，是差异化运营的体现。图 4-28 所示为"日日煮"的抖音账号、短视频和橱窗商品。

图 4-28 "日日煮"的抖音账号、短视频和橱窗商品

🖋 **小贴士：** 专业化的创作者有打造优质内容的实力，同时在用户的运营上也更加规范，差异化的运营能力也更加突出。

3. MCN 公司助力专业化运营

MCN 是一种多频道网络的产品形态。它将不同类型和内容优质 PGC 和 UGC 联合起来，在资本的有力支持下，为内容创作者提供内容运营、版权管理、宣发推广、商业营销等专业化服务，保障内容的持续输出，从而实现商业的稳定变现，获取广告或销售收益分成。简单来说，MCN 相当于一个中间机构，上游对接优质内容，包装之后寻找下游平台推广。

MCN 公司助力打造优质 IP 并将 PGC（专业内容生产）内容联合起来，在资本的有力支持下，保障内容的持续输出，保持内容的工业化生产，从而最终实现商业的稳定变现。MCN 公司的运营能够减轻个人运营的压力，短视频账号能够更加专心自己的创作，能够根据其总结出来的规范化运营流程提高运营的效率和质量，给观众带来更好的观感体验以及稳定的更新频率。

4.3.3　保持更新频率

保持较高的更新频率是短视频团队初期积累用户的必备技能之一。通常来说，保持更新频率可以从以下几个方面来进行。

1. 最好达到日更

现在是一个信息爆炸的时代，各种网络事物层出不穷，热搜不断，如果短视频团队长时间不更新短视频内容，就很容易被淘汰。在保证视频质量的前提下，每日更新则可以保证账号持续活跃，避免被粉丝遗忘。但一味地追求日更，而忽略短视频质量，则得不偿失。

案例　**宠物博主坚持每日更新，保持粉丝活跃度**

"回忆专用小马甲"是一个知名的宠物博主，如果你是他的粉丝，你就会发现他更新微博的频率很高，最高频率的时候一天能更新五六条。如此高的更新频率也培养了粉丝的观看习惯，提高了粉丝的活跃度。而当用户热情冷却的时候，他就会发布一些关于萌宠的短视频，于是又重新引起了粉丝的兴趣，保持住了自己的热度。

图 4-29 所示为"回忆专用小马甲"的抖音账号和相关短视频。

2. 激发用户的渴求

每日更新短视频可以给予用户一定的暗示，尤其是更新时间固定的时候用户会准时上线观看视频内容。但是要注意，如果更新的内容无法满足用户的渴求，就很容易失去用户。所以，在短视频内容的编排上一定要注重创新，尽量保持在同类短视频中的优势和不可替代性。

图 4-29 "回忆专用小马甲"的抖音账号和相关短视频

案例 幽默风趣的电影解说,激发用户的兴趣

《唐唐说电影》是"Big 笑工坊"推的一档电影解说类节目,节目中几位不同口音的主播,用搞笑的方式解说各类电影,解说风格幽默风趣。在刚开始更新的阶段,很多用户产生了催更心理,于是可以看到很多留言是这样的:"怎么还没更新""快更新啊""为什么还不更新,不是说好的每天更新三集吗"……

图 4-30 所示为"Big 笑工坊"的抖音账号和相关短视频。

图 4-30 "Big 笑工坊"的抖音账号和相关短视频

用户催着内容更新,其实这里面就体现了用户期待好的内容。在这个基础上再去增加更新频率就能够很好地吸引用户,让用户形成观看习惯。

3.把握更新时间点

保证了较高的更新频率甚至是日更以后,还不足以让用户养成习惯,短视频团队还需要把握更新的时间点。举一个例子,如果你的短视频针对的目标用户是学生,那么学生白天是没有多少空余时间的，所以白天就不适合更新视频内容。选择晚饭后就比较合适，这时学生上了一天课身心俱疲，就会选择通过短视频来释放压力、愉悦心情。

4. 给予用户一定的激励

我们培养孩子的习惯时，常常会拿出一些奖励诱导孩子，比如告诉孩子，只有每天保持某个好习惯才能得到某个玩具。其实这种方法也同样适用于活跃用户，即发放一些小福利来激励用户。虽然这种做法在前期需要一定的支出，但相比能够在短时间内获取大量用户，这点支出划算得多。

例如，短视频团队可以搞一些活动，即每天坚持在新发的短视频下评论，积攒多少天就可以获得小礼物等。再例如，在微博上发布的短视频可以采用抽奖的形式。"papi 酱"这类常驻微博的短视频博主就经常使用这种方法来积累人气、获取粉丝。

✎ **课堂讨论：** 简单说说，在用户留存阶段如何进行用户运营，实现用户向粉丝的转变，从而留住用户。

4.4 促活：提升粉丝活跃度

短视频自媒体通过发布短视频内容来吸引用户关注并得到用户的认可，最终获得收益，那么拉新来的用户提升活跃度就显得尤为重要。短视频自媒体需要做的不仅仅是保证内容的质量和持续优质的生产力，而是做到让用户活跃起来，这里研究的是他们与粉丝之间的互动行为，通过互动行为的发生进而起到促活用户的目的。

4.4.1 利用平台的互动功能

短视频自媒体促活用户需要利用好平台自身的互动功能。无论是像爱奇艺这样的视频网站还是像抖音这样的短视频社交平台，都可以对短视频自媒体的视频内容进行点赞、评论、转发、分享这样的操作。这些是它们与用户线上互动的基本，属于浅互动行为，也正是这些互动功能记录了用户对短视频内容的认可和喜爱。

1. 引导用户点赞、分享

用户不是信息的消极接受者，而是传播过程中主动的、有选择能力的参与者。用户针对短视频内容进行"点评赞"操作的同时，短视频自媒体也会给予回应，也正是这种回应才更加深了用户对短视频自媒体的好感，这种回应主要体现在回复评论、点赞粉丝的评论、转发粉丝的评论等。

图 4-31 所示为一个萌宠短视频，宠物本身就非常招人喜欢，并且短视频中的宠物猫似乎能够听懂主人的命令，非常神奇，很容易引来用户的点赞和分享，并且视频播主还会认真回复每一条评论。

图 4-31　容易吸引用户点赞转发的萌宠短视频

🖊 **小贴士：**短视频创作者通过新媒体将内容传播给受众，与大众传播的单向性传播不同，受众也不再是一种被动接受的状态。随着新媒体的出现，受众可以与传播者进行交流和互动，基于平台的便利使得用户的反馈成为现实。

2. 重视用户反馈

重视用户的反馈也是线上互动的一种。用户通过评论、私信向传播者表达自己的意愿，对视频内容提出建议和意见。这些传播者都能够看到并且能够根据用户的反馈对短视频相关的内容做出调整和改变。

这种互动行为不是即时性的，但也能提高用户的活跃度。短视频自媒体能及时收集用户的反馈并能做出改变，对于用户来说也是一个留下来的理由。每个在乎用户的人，他的用户一定也忠诚于他。

社交媒体中的话题的构建是线上社区互动的一种，短视频自媒体相当于为粉丝们提供了一起讨论的社区，通过话题社区能够将这部分粉丝聚集起来，也能够起到促活用户的目的。互动率越高，用户的参与度就越高，这也是提醒短视频自媒体不要过于"高冷"，与粉丝的互动能够调动起用户的积极性，使其活跃起来，维护好与粉丝之间的关系，才能增加粉丝黏性。

案例　认真回复粉丝评论，保持良好互动

在互动这方面，"美食作家王刚"就做得非常好。他在创作初期，粉丝量比较少的情况下，会认真地回复每一条评论。随着粉丝量和评论量的增加，他依旧尽力回复。长此以往，他回复得越多，评论区里就越热闹。这种促活的方式是最基础的但也是最能够调动粉丝积极性的。

图 4-32 所示为"美食作家王刚"的抖音账号和相关短视频。

随着粉丝量的增加，评论有时候上万条，这种手动回复评论的工作量就变得很大，这也是一些粉丝比较多的账号互动率不高的原因之一，没有时间和精力对每一条评论进行回复。

图 4-32　"美食作家王刚"的抖音账号和相关短视频

3. 创建粉丝群

粉丝群的建立也有助于促活用户,美食自媒体"日日煮"运营了 30 多个线上核心粉丝群,主要分为"城市煮米群""美食生活交流群"以及针对烹饪学习的"辣叔学院"微信群。不同属性的粉丝群用于不同需求的用户,高黏性的虚拟世界线上互动有利于增强用户黏性以及对于品牌的忠诚度。图 4-33 所示为一些抖音账号创建的粉丝群。

4. 开通直播,与粉丝互动

视频自媒体出镜的人和幕后的创作者也容易受到用户的喜爱和关注。内容是短视频账号与用户之间联系的桥梁,用户在转变为有忠诚度的粉丝时,账号自身也可成为用户关注的重点,并渴望与其产生关联。目前很多短视频平台开通了直播的功能,当短视频自媒体积累了一定的粉丝量和知名度时,开展直播活动就可以与粉丝进行短时间面对面的交流,与回复评论这样微小的举动相比,直播这种互动更加深入,也更加能够增加用户的活跃度。图 4-34 所示为一些抖音账号的直播画面。

图 4-33　抖音账号创建的粉丝群

图 4-34　抖音账号的直播画面

4.4.2 借助互动拉近与用户之间的距离

粉丝对节目的认可程度直接体现在评论量/弹幕数、点赞量和转发量上。其中评论量/弹幕数相比其他两项含金量更高，因为它是粉丝活跃程度最真实的反映。短视频要想提高这项数据，不仅要注重本身内容的质量和话题度，还要从用户互动方面着手。

与用户互动可以大大拉近短视频和用户之间的距离，那么作为短视频团队该怎么和用户形成良性互动呢？

1. 向用户征集话题

短视频创作团队在长期制作短视频的过程中难免会遇到瓶颈，如果想不到好的选题，不如发起活动向用户征集一下，这样还能和用户互动起来，让用户在表达自我的过程中产生参与感。

案例 从粉丝评论中选取粉丝感兴趣的话题，创作相应的短视频

"同道大叔"经常发布与"星座"相关的主题，然后从评论中选取具有代表性的事例作为短视频以后的话题。当用户看到自己亲手参与制作的短视频后，会有一种亲切感和自豪感。

图4-35所示为"同道大叔"的抖音账号和相关短视频。

图4-35 "同道大叔"的抖音账号和相关短视频

2. 让用户生产内容

引导用户自发生产内容，让观众成为内容的生产者之一，往往可以大大提升用户的热情。短视频团队可以选取一些吸引人的主题，然后发起征集活动，有兴趣的用户看到后自然会参与其中，从而与短视频团队形成良好的互动。

案例 发起挑战赛，吸引用户参与

乐事在抖音发起的两场抖音挑战赛"是薯片先撩的我""咔咔浪不停"，分别请了papi酱和邓伦亲自示范戏精的神转折玩法和尬舞的玩法，吸引了大量粉丝模仿参与。同时乐事还请了不同领域的杰出人才，通过创意玩法引导用户进行各种充满想

象力的短视频内容生产。于是，不管是粉丝还是路人都加入了这场挑战赛，从而积累了不少粉丝，扩大了品牌影响力。

图4-36所示为乐事在抖音平台所发起的两场挑战赛的短视频。

图4-36　乐事薯片的相关挑战赛截图

3. 抛出有争议的话题

有分歧的话题、针锋相对的观点，通常都能调动观众的情绪。比如美食的南北之争、热点事件的争议等，都能提高短视频的热度，吸引用户参与到讨论中。

课堂讨论：在用户运营过程中，如何提升用户的活跃度，以及提升用户活跃度的好处是什么？

4.5　转化：粉丝向消费者的转变

转化是短视频用户运营的最后一个阶段，就是把粉丝转化为最终的消费者。无论是广告变现、内容付费，还是通过电商营利，将流量转化为营收才是最终目的。在短视频的整个运营过程中，用户也逐渐深化，为最终的转化做铺垫，在用户运营中也是不断将用户从公域流量中引流到私域流量的过程。

4.5.1　通过内容营销实现用户转化

内容营销是通过优质内容与商品形成协同，吸引用户购买。广告是内容营销最普遍的变现形式之一，内容是短视频广告打动用户的核心要素，短视频依托内容，寻求与用户的情感共鸣，从而实现消费转化。

短视频账号通过广告形式实现用户转化表现在两个方面，即硬广告转化和软广告转化。

1. 硬广告转化

硬广告是最基础、直接的一种用户转化方式，简单来说就是在短视频中加入直接诉求式的传统形式的广告。这种直接诉求的广告形式容易让受众产生被消费的反感心理。

例如，吃播类的短视频中常常会以这种方式呈现广告内容：广告主将产品寄送给吃播主播，主播将产品试吃过程制作成一期节目，在节目中以推荐式的话语来描述食物味道、外观，从而达到一种广而告之的效果。试吃产品的整个过程能够展现食物的全貌，主播对产品的态度和好感度也能够很直观地传递给粉丝，这样很容易引发粉丝的购买行为。图 4-37 所示为美食测评主播的产品试吃短视频。

图 4-37　美食测评主播的产品试吃短视频

同时，硬广告的形式在探店类的短视频内容中也经常出现，这种是以品尝餐厅特色菜肴或者帮助粉丝砍价买车作为视频内容，来为餐厅或汽车 4S 店做广告，这种广告的形式在地域性的自媒体表现得比较多，"吃货请闭眼"就是地域性探店类自媒体的代表。图 4-38 所示为"吃货请闭眼"的抖音账号和相关短视频。

图 4-38　"吃货请闭眼"的抖音账号和相关短视频

小贴士： 短视频账号在选择产品和店铺的时候应该持谨慎的态度，不应该为了做推广而推广，应该有自己的判断力，好产品才能为粉丝推广。如果推广的东西给大多数粉丝带来不好的体验，那么就会有流失粉丝的风险。

2. 软广告转化

软广告是"为减少公众的广告躲避而将显明的、凸现的广告形式，通过更巧妙的、更迂回的、更隐蔽的方式传达出去，使消费者在不知不觉中把广告所传达的内容接受下来的一类广告"。

这种广告形式多用于教程类的短视频中，例如美食制作类的短视频，内容中很多元素都可以作为广告的载体，譬如食材、厨具、调料等。主播能在教授粉丝做菜的同时，以使用的方式将产品融入视频内容中，虽然没有直白的推荐购买叙述，但商品的商标会以特写的形式出现在视频内容中，这就是一种更迂回、更隐蔽的方式并且不容易被粉丝察觉，在接受度上会更优于硬广告。图 4-39 所示为宝宝辅食制作的相关短视频，在视频中时常会露出一些原料的品牌，从而实现软广告的植入。

图 4-39　在宝宝辅食制作短视频中实现软广告植入

相比于硬广告来说，软广告在短视频的营销上有天然的优势，有些用户对强势注入广告的方式持反感情绪，长此以往如果不顾忌受众的心理感受，容易造成用户的流失。虽然已经到了转化阶段，但也不能松懈，用户运营的几个阶段从来都不是闭环，用户的持续关注才是硬道理。

4.5.2　通过电商实现用户转化

社交电商以社交媒体为工具发表高质量的内容，达到吸引用户并将一些有共性的人群聚集在一起的目的。同时，进行粉丝积累，引导用户进行裂变，最终达成交易。

1. 自营电商

自营电商是自媒体用户转化的一种形式，顾名思义是短视频账号自己来经营的线上店铺。他们通过内容的传播积累起来一定的影响力之后，开设电商将粉丝转化，最后实现盈利的目的。

电商运营中，粉丝就是流量，拥有了巨量粉丝，就能撬动流量的天平。自营电商的成功离不开粉丝经济的力量，它是粉丝经济的产物。粉丝经济是打造粉丝的情绪投入，抓住粉丝对偶像的感情和情绪，使之变为购买行动的新的经济模式。它是一个完整的系统：粉丝对偶像充满向往和期待，从而产生购买与偶像有关的一切衍生品的行为，企业利用粉丝对偶像的喜爱带动粉丝消费，获得收益。也就是说，粉丝在对偶像的感情的支配下消费，而企业利用粉丝这一感情销售产品，获得收益。

小贴士： 自媒体前期的用户运营就是一直在增加和维系粉丝情绪的投入，为高转化率做基础。将沉淀的粉丝资产转化为客户，将流量转化为交易就是目的所在。自营电商的优势就在于目标销售群体是对自己有忠诚度的粉丝群体，购买产品的动机不仅仅是需求，也是一种基于偶像崇拜的心理驱动。

案例 通过自营电商实现用户转化

很多短视频账号都尝试自建品牌创建线上电商，但其转化的效果参差不齐，只有少数头部大 V 迎风而上，"滇西小哥""李子柒"堪称行业典范。2018 年 7 月，"李子柒"的天猫商铺正式上线并以自己的名字创建了个人消费品牌，"李子柒"品牌推出十余款高品质产品，以良好的口碑获得了市场的认可。

图 4-40 所示为"李子柒"在天猫开设的官方旗舰店。

图 4-40 "李子柒"在天猫开设的官方旗舰店

浏览"李子柒"的天猫旗舰店可以发现，店铺所推出的产品都是短视频每期内容的同款。其产品介绍也是短视频的内容，粉丝从视频中来到产品中，在看过产品介绍后又加深了购买意向。短视频内容与购买场景的一致性，促成了用户的转化。

🖊 **小贴士：** 短视频账号在经营店铺时，不仅可以收获利益，还可以获得更多用户数据。通过数据分析粉丝画像，自媒体可以筛选出可供进一步挖掘的用户价值，转化这一部分依旧可以反哺用户运营，形成产业链的闭环。

2. 代理电商

代理电商是指短视频账号利用社交平台的销售渠道来获取相应商品的售卖权，产品的选择应该与视频定位相关联，通过用户的购买达到盈利的目的。短视频账号是社交电商的主体，这类主体一般没有个人品牌的建立，所售产品是自己选择所得，抖音这类短视频平台的橱窗是代理电商的窗口。

🖊 **小贴士：** 电商的本质是零售，以更低的成本获取用户是电商发展的关键要素之一。社交媒体的涌现，出现了新的相对较低成本的获客和带货渠道，代理电商就是其中的一种。

直播与短视频电商相比，短视频电商不仅接受意愿高，而且向实际消费行为转化的比例也最高，接近一半的短视频用户表示购买过"网络红人在短视频中推荐的商品"或通过"短视频内容中嵌入的商品链接"发生过消费行为。

以抖音平台为例，抖音的营销有两种方式。

第一种方式是商品橱窗，这个功能设置在短视频账号的主页当中，进入账户主页，会看见账号名称下方有一排黄色小字"商品橱窗"，点击进入"商品橱窗"界面，可以直接购买商品橱窗中的任意商品，是抖音电商中比较基础的抖音销售方式。

第二种类型是视频购物车，以短视频的形式呈现，用户在观看视频的同时，左下角出现视频同款某物购物车，用户可以直接点击购物车购买，是变现率比较高的一种销售渠道。这种和橱窗相比变现的途径更直接，粉丝在观看短视频的同时就能够下单。

无论是哪种售卖方式，其中，商品的选择可以是短视频账号自己线上店铺里的商品，也可以是代理其他店铺的商品。

"美食作家王刚"的抖音账号橱窗里售卖的都是在制作美食过程中需要使用到的一些自己生产的调味料和食品，同时他还在淘宝经营线上店铺。图 4-41 所示为"美食作家王刚"的抖音橱窗和淘宝店铺。

短视频账号通过代理电商的形式转化粉丝达到盈利的目的，这种代理性质的电商主要在短视频社交平台上应用广泛，并且效果也很明显。但是代理电商有一个弊端应该被重视，如果选择的商品粉丝评价过低影响其好感度，容易造成用户的流失，所以在选择代理产品时应本着慎重的原则，否则将造成前期的运营工作功亏一篑，如果因为产品的原因导致用户的流失将得不偿失。

图 4-41　"美食作家王刚"的抖音橱窗和淘宝店铺

4.5.3　通过直播带货实现用户转化

　　直播带货是短视频账号的一种用户转化方式,虽然传播主体不是短视频的形式,但是观看直播的主体依旧是短视频账号通过长期运营积累下来的具有忠诚度的粉丝。直播带货这种营销形式已经深入到各个平台之中,短视频账号的直播带货主要表现在主播通过直播的形式售卖商品。

　　因为直播有很强烈的参与感和体验感,它能够让用户产生信任感和忠诚度,天然适合带货,而且这种营销形式是双向实时互动,用户能够随时和直播主体进行互动。与在电商平台上购物不同,直播能带给用户"眼见为实"的既视感,能够促成购买行为。另外通过前期的用户运营,粉丝更容易信任自己长期关注的播主所推荐的产品,粉丝忠诚度和信任感更高,即时直播容易受到现场的冲击,进一步引导粉丝购物。图4-42所示为抖音平台不同类型商品的直播带货。

图 4-42　抖音平台不同类型商品的直播带货

课堂讨论： 简单介绍将短视频账号粉丝转化为消费者的一些常见方法，以及这些方法的优势与劣势。

4.6　本章小结

现在是粉丝经济时代，粉丝就意味着流量，意味着变现的可能。因此，通过用户运营进行吸粉引流对短视频运营来说至关重要。完成本章内容的学习之后，要理解什么是用户运营，掌握从拉新、留存、促活、转化这 4 个方面进行用户运营的方法和技巧。

第5章 活动的设计与执行

短视频营销市场正在以迅猛的速度发展，愈加完善的短视频营销生态正在形成。在这个过程中，短视频市场迭代的速度远超人们的想象，只有把握好短视频营销的发展趋势，才能更好地扎根短视频领域。本章主要讲解有关短视频活动营销的相关内容，并且从多个方面向读者介绍如何成功策划短视频营销活动。

5.1 理解活动营销

了解活动营销的概念，能够更好地为营销者提供思路，只有理解了其中的含义，才有益于活动的策划以及各个环节的合理安排。如果事情的源头没有弄清楚，后续的事项又怎么能做好呢？

5.1.1 什么是活动营销

所谓的活动营销是指企业通过介入重大的社会活动，或整合有效的资源策划大型活动，迅速提高企业及其品牌的知名度、美誉度和影响力，促进产品销售的一种营销方式。

简单地说，活动营销是围绕活动而展开的营销，以活动为载体，使企业获得品牌的提升或销量的增长。

5.1.2 活动的意义

活动营销的意义主要表现在以下几个方面。

1. 提升品牌的影响力

一个好的活动营销不仅能够吸引消费者的注意力，还能够传递品牌的核心价值，进而提升品牌的影响力。那么，如何让品牌的核心价值为消费者所认同呢？关键就是要将品牌的核心价值融入活动营销的主题中，让消费者接触活动营销时，自然而然地受到品牌核心价值的感染，并引起消费者的情感共鸣，进而提升品牌的影响力。

2. 提升消费者的忠诚度

活动营销是专为消费者参与互动打造的活动，活动对消费者的参与和大众的关注，产品和品牌形象深度影响了消费者，更能够提升消费者对品牌的美誉度，进而提升消费者的忠诚度。

3. 吸引媒体的关注

活动营销是近年来国内外十分流行的一种公关传播与市场推广手段，集新闻效应、广告效应、公共关系、形象传播、客户关系于一体，并为新产品推介、品牌展示创造机会，建立品牌识别和品牌定位，形成一种快速提升品牌知名度与美誉度的营销手段。20 世纪 90 年代后期，互联网的飞速发展给活动营销带来了巨大契机。通过网络，一个事件或者一个话题可以更轻松地进行传播和引起关注，成功的活动营销案例开始大量出现。

5.1.3　活动营销的形式有哪些

活动营销就是让用户参与到活动中，从而提高用户对品牌认知的营销形式，是提高用户参与性最重要的方式，能够带来良好的引流、涨粉、活跃、宣传等效果。

1. 打卡签到

签到是目前产品促活的主要手段，每天 / 长期签到可以获得奖励，通过这种形式增强用户黏性。常用于阅读、购物、健身等产品。

这种活动形式成功的关键是，设置匹配当前用户属性的奖励，如果是阅读类，可以签到送阅读权限；如果是购物网站，签到送购物券。图 5-1 所示为打卡签到界面。

2. 投票活动

用户进行投票，投票第一的可以获得奖励，或者参与投票可以获得奖励。这种活动经常用于品牌传播，提高参与用户活跃度的同时也对活动进行了传播，也可以获得一批精准的粉丝。图 5-2 所示为投票活动界面。

3. 有奖竞猜

利用用户的侥幸心理，猜对就有奖。竞猜形式通常出现在体育、竞技领域。例如华帝世界杯夺冠营销"法国队夺冠，华帝退全款"，不仅提升了品牌知名度，更是促进了产品的销售。图 5-3 所示为有奖竞猜活动界面。

4. 抽奖活动

对于抽奖，相信对不少人来说也会有很大的吸引力（尽管不一定会中奖，可是也说不定会中呢！），所以我们会经常看到朋友分享某些抽奖活动的链接，看到抽奖活动也会主动积极地去参与。图 5-4 所示为抽奖活动界面。

5. 助力活动

与商业促销的活动形式有点相似，但是以裂变传播为主。这类活动通过分享邀请好友参与活动，以裂变的方式提高活动传播率，也帮助了商家宣传品牌。图 5-5 所示为助力活动界面。

图 5-1　打卡签到界面　　　图 5-2　投票活动界面　　图 5-3　有奖竞猜活动界面

6. 互动游戏

交互极强的活动形式，偏向于趣味游戏，深得"90 后"用户的喜爱。如"猜画小歌""睡姿大比拼""换装大比拼"等这些互动游戏有一个共同点是流畅、低难度的操作，可以引发大量的 UGC。既满足了人们想要分享自己生活的欲望，也满足了"窥探者"的好奇心，一举两得，转发传播也不在话下。图 5-6 所示为互动游戏活动界面。

图 5-4　抽奖活动界面　　　图 5-5　助力活动界面　　　图 5-6　互动游戏活动界面

7. 用户征集

投稿征集内容，选中者获得奖励。投稿的内容需要是用户感兴趣的，并且方便提供的，比如摄影照片、买家秀、设计作品。这种活动形式对品牌方的影响力和用户黏度有较大的要求。图 5-7 所示为用户征集活动界面。

8. 商业促销

这类活动一般以促进用户在线支付为主，通过秒杀、砍价、拼团活动，商家可以发布优惠力度大的商品，让用户在有限的时间里购买到优惠商品，提高某商品的销量。简单粗暴的活动样式，适合于拉新与转化，通过红包刺激用户下单付费。图 5-8 所示为促销红包界面。

9. 答题活动

用户答题后获得红包，加深用户对产品的了解，刺激用户的付费行为。图 5-9 所示为答题活动界面。

图 5-7　用户征集活动界面　　图 5-8　促销红包界面　　图 5-9　答题活动界面

课堂讨论：简单说说你所了解的活动营销方式，以及都参加过哪些活动营销？

5.2　活动运营的流程

很多刚进入运营行业的初级运营来说，并不太熟悉活动运营，对于活动运营常常是没有头绪，不知从何下手，要不然就是没有创意，还有一些连完整的活动运营流程都不清楚，本节就向大家简单介绍活动运营的基本流程。

5.2.1　活动前期

按照正式的定义，活动运营是指活动公司对性质、类型等存在差异的各类活动进行运营，包含活动策划、活动实施，并与其他产业打通，逐步形成完善的产业链。活动运营的具体场景可以是微信公众号、移动终端应用、论坛及社区等。在这里，重点对新媒体活动进行分析。活动运营的前期准备工作主要有以下 3 个方面。

1. 学习同行和其他活动的运作办法

学习他人的经验，可以实现自身能力的提升，并将其应用到实践过程中。新媒体从业者要注重日常的积累，对当前的任务完成情况及活动开展方式进行分析，找出各个方案的优缺点。在进行活动总结时，除了浏览活动方案的执行总结外，还应该根据活动流程，对其运营过程中存在的关键节点及布置方式进行推导，而要弄清楚活动实施模式的选择理由，就要对活动机制进行深入探讨。

另外，新手应该积极参与到活动运营中，提高自身的实践能力，也可以与优秀的活动策划者进行交流，学习他们的经验。新媒体从业者要突破思维的局限，并掌握不同运营工具的使用方法。

2. 明确活动目的

运营新媒体活动要设定活动目的，并使其具体、详尽，方便日后的评估。在这里需要清楚的一点是，一个活动只能对应唯一的目的，否则容易降低活动质量。以内容运营为例，与"提高用户活跃度"相比，"使浏览量增加三成"这一目的更加具体、详尽。

3. 梳理活动目标用户

设定活动目的之后，运营者应该瞄准活动的目标用户。无论是什么类型的活动，都无法获得全体用户的认可。以春节联欢晚会为例，作为许多家庭每年除夕夜的必看节目，春节联欢晚会在"00 后"的用户群体中并没有太大的影响力。因此，运营方需要瞄准特定的用户群体，并据此选择适当的运营策略。

5.2.2　活动策划阶段

撰写活动策划稿是新媒体活动运营人员应该熟练掌握的一项基本技能，新媒体活动运营人员先根据自己的想法撰写初稿，然后和文案策划人员交流沟通，并由他们进一步加工润色，最终创作出优秀的活动策划。

1. 策划活动创意和内容

在活动开展的过程中，活动创意能够影响最终的效果，优秀的创意能够有效促使用户做出消费决策。活动策划过程应该注意以下几点，如图 5-10 所示。

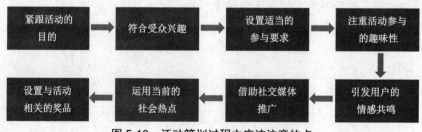

图 5-10　活动策划过程中应该注意的点

（1）策划要紧跟活动目的，致力于目的的实现。举例来说，某运营方希望通过举办活动让用户发表对于新产品的建议。为吸引更多用户参与，组织抽奖活动。虽然用户表现活跃，但大多数是为了参加抽奖赢得奖品，并未与企业展开高效互动，也就未达到活动的目的。

（2）符合受众兴趣，通过聚焦用户，提高其参与度。例如：萌娃评选能够吸引宝妈的注意力，化妆类竞赛则以女性用户为主。

（3）设置适当的参与要求。如果要求较高，参与的用户人数通常较少；如果要求较低，对专业人士的吸引力则较低。

（4）注重活动参与的趣味性。在参与活动的过程中添加趣味性元素，从而调动用户参与的积极性。对用户而言，活动本身的吸引力在于两点：一是奖品设置，二是体验活动本身的趣味性。

（5）引发用户的情感共鸣。活动主题需要激发用户的情感共鸣，使活动在奖品之外具有更大的吸引力，调动更多用户参与的积极性。举例来说，某运营方在母亲节推出与母亲合拍短视频的活动，用户参与规模超过 10 000 人，编辑人员还可围绕该活动撰写文章，进一步感染受众。

（6）借助社交媒体推广。你要想扩大活动参与范围，不妨在朋友圈中进行信息推广，但要减少盲目性。首先，要对活动相关信息是否适合在朋友圈中发布进行判定；其次，要注重文案的设计，并选择合适的图片；另外，还要促使用户自发参与到活动信息的传播中。

（7）运用当前的社会热点。在内容中添加热点话题，通常能够吸引更多用户的参与，但鉴于热点更新速度非常快，运营方需要加快活动推出的进程。

（8）设置与活动相关的奖品。活动的参与度与奖品本身的价值并无直接联系，要提高活动的影响力，就要设置与活动本身相关的奖品。举例来说，摄影比赛活动为优胜者提供摄影设备，这对摄影爱好者来说更具吸引力。

2. 活动节奏及效率提升方式预估

在整个活动开展期间，运营方需要掌握好各个阶段的进度与节奏，明确在不同时间段应该完成的任务。在必要时加快运营，采取适当措施提高运营效率，还要避免活动因节奏改变而热度降低。

3. 活动推广传播资源

在资源布局的过程中，运营方应该在平台入口处适当添加创意素材。例如有的生活类公众号发现社会热点类文章对用户的吸引力并不大，可以尝试推出情感类文章。

4. 活动优化及替代方案

无论多么优秀的策划，都可能在运营过程中遇到问题，为了避免整体局面失控，运营方应该提前制定替代方案。若活动未达到预期效果，运营方应该及时采取补救措施，根据具体情况，通过升级奖品、调整活动机制、发挥意见领袖的号召作用等优化活动。

5.2.3　做好活动的执行

在活动执行的过程中，运营方应该较好地维持活动的正常进行，并强化监管措施，防止负面舆论对活动执行产生不利影响，确保舆论内容健康向上。执行阶段的活动运营措施主要有以下 4 个，如图 5-11 所示。

图 5-11　执行阶段的活动运营措施

1. 预估活动效果并及时调整

当发觉活动不能实现预期效果时，运营方应该及时调整方案和策略，可以采取以下方式。

（1）升级活动产品。

（2）加大宣传力度，并提供资金支持。

（3）变更营销文案，在社交平台进行大范围扩散，提高人们对活动的关注度。

（4）发挥意见领袖的带动作用，吸引更多粉丝用户参与活动。为此，运营方应该与意见领袖保持紧密的联系，在需要时发挥意见领袖的影响力，对粉丝的行为进行引导，推动活动的正常开展。

2. 挖掘活动爆点

有些活动参与者发表的内容比较贴合当下的热点话题，具有较强的吸引力并适合进行大范围传播。在活动运营的过程中，运营方应该善于发现这些内容，并采取有效的措施提高此类话题的热度。短视频热点话题最初大多源于微博、贴吧，再经过短视频平台的进一步扩散，在更多用户间掀起热潮，活动运营方也应该利用短视频平台的传播优势进行活动推广。

3. 监控活动流程

在活动开展的过程中，不排除网友发布超出法律许可范围，包含地域歧视、性别歧视或低俗内容的可能性。为此，运营方必须注重对活动过程进行管理。若话题本身并未超出法律许可范围，也不会激发用户的强烈不满，而又能够引发争议，可在适度加工之后进行传播，从而吸引更多用户参与，进而促使用户自发地传播。

4. 活动颁奖

（1）活动颁奖要遵循既定原则及活动结果，但需要注意的是，只要是人为参与，总会有人持反对意见，在这种情况下，应该保证多数参与者认可并接受活动结果。

（2）很多人认为，颁奖之后活动就结束了，实则不然。如果将获奖者的领奖过程及其感受展现给广大受众，往往能进一步提高活动的影响力。

（3）奖品派发分为统一派发与分阶段派发。相比之下，分阶段派发更能调动用户参与的积极性，并有效提高用户对活动的认可度。如果将所有奖品都放到最后环节派发，可能会让参与者怀疑活动的真实性。

5.2.4　活动结束

活动完成后，运营方还需要进行总结，为后期的运营及今后的活动开展做准备，坚持好的方面，对活动中存在的不足进行反思，避免重复失误。另外，还要将自己的运营能力展现出来，以便得到更好的发展机会。

活动经验来自具体的实践及运营，活动中的各个环节都紧密相关。通过活动运营可以总结出以下几点。

（1）奖品设置固然重要，但更重要的是日常的运营与积累。在日常运营过程中，要与意见领袖保持良好的互动关系，对自己平台的粉丝进行定位，并与其展开互动，保持粉丝的活跃度，为活动开展打下基础。

（2）做活动不仅是为了达到关键绩效指标，还为了回馈用户。活动的推出，能够有效提高用户在平台上的活跃度，而与普通用户相比，给活跃用户与意见领袖提供奖励和优惠，更有利于企业与用户建立紧密关系，推动企业的长期发展。

（3）奖品不是活动策划及活动开展的必要前提。如果运营方有足够的能力，可以组织没有奖品的活动，让用户自发地参与，推动活动的开展。

（4）发挥目标的指引作用。运营方需要通过活动开展达到既定目标，而不是单纯组织活动却得不到效果。

（5）转换思维角度。从用户的角度设置、调整活动流程及相关因素，将自己想象成目标用户——如果运营方自己对活动策划兴趣不大，就很难打动目标用户。

（6）灵活运用运营工具，注重细节方面的处理，避免因小瑕疵而影响大局。

✎ **课堂讨论：** 简单描述活动运营流程中的关键步骤分别是什么？

5.3　如何策划短视频营销活动

对很多商家来说，在进行营销活动之前，如果没有制定详细的营销策划方案的话，很有可能会造成营销活动失败，所以在开始活动之前，制定详细的营销策划是非常有必要的。

5.3.1　短视频营销活动策划方法

如何才能策划一场有趣的短视频营销活动呢？

1. 发起活动，引爆热点

当传统老品牌面临品牌升级，年轻化改造的时期；当新产品上市，品牌希望通过某种方式来快速获取用户认知时；当品牌各类产品需要快速带来流量，快速曝光营销需求时；这些时候都是品牌方率先发起活动，并巧妙策划设立各种用户参与的内在驱动因子的时候。这时候，PUGC（专业用户生产内容）会根据品牌话题创制个性化内容，对普通用户心理形成热点效应印象，从而引发全民参与，燃爆社交。

这种方式主要表现在 PUGC 围绕品牌挑战赛核心创意主题进行发散，常见于抖音挑战赛和美拍话题等。数码 3C、食品饮料、美妆日化、游戏动漫等全行业的品牌可以尝试这种方式进行品牌植入，通过好玩、有趣的挑战赛话题引起用户的自发传播。

案例 "361°"在抖音平台发起"亚洲雄风加油舞"挑战赛

"361°"通过支持亚运等体育赛事，让更多的中国人能够参与到专业的体育运动中来，关注国家体育运动项目，从而推动中国体育发展。"361°"和消费者共度每一个激情时刻，传递一个有血性、有温度、有态度的品牌形象。

为贴近年轻的消费者群体，"361°"在抖音平台发起"亚洲雄风加油舞的挑战赛""韩宇魔性独舞'亚运雄风'加油舞"活动，引发强势围观。活动借助抖音信息流广告、抖音达人跟随参赛，触达粉丝群体，吸引用户参与。共计488万人观看比赛，522人参与挑战。如图 5-12 所示。

图 5-12 "亚洲雄风加油舞"挑战赛活动

"亚洲雄风加油舞挑战赛"开启后，借助抖音某达人模仿挑战，带动普通用户参与其中，用新潮有趣的方式，带动了年轻人对亚运的关注。覆盖粉丝量1529多万、点赞数17万多、评论量8000多、转发量2000多、总互动量18万多。图 5-13 所示为参加"亚洲雄风加油舞"挑战赛的相关短视频。

图 5-13 参加挑战赛活动的相关短视频

案例 哈尔滨啤酒联合美拍推出的"无聊创造力"话题

哈尔滨啤酒联合美拍推出的"无聊创造力"话题累计产出了 21 万件短视频作品，短时间内短视频总播放量突破 2.2 亿。其中，美拍"M 计划"中的 80 位优质原创短达人可谓功不可没。

在此次合作中，美拍先为哈啤定制了"美食""音乐""电竞""游戏派对""街头文化""绘画艺术""运动"等 7 款 AR 背景特效，虽然也属硬广告，但颇受年轻人喜爱。

随后，美拍 M 计划中的 80 位短视频达人纷纷上阵，拿出各自的看家本领，结合"无聊创造力"的主题，输出各种观赏性极强的短视频作品，将品牌热度及话题热度推得更高。

图 5-14 所示为美拍中的"无聊创造力"话题页和相关短视频。

图 5-14 "无聊创造力"话题页和相关短视频

2. 邀请明星试用，打造爆款

新产品上市，如何快速吸引用户，带动销量转化？小众产品和品牌高端产品如何利用短视频获得曝光？各品类的产品如何获得良好的口碑？

可以邀请明星首发试用产品，并以短视频的形式进行分享，点燃传播热点，随后 PUGC 围绕明星推荐的内容迅速集中响应，多角度、多节点、跨平台集中分发扩散，打造全网爆款明星产品。

这种方式常见于小红书平台，比如通过采用"小红书首发＋微博／微信／美拍等分发"的形式推广产品。美妆日化、食品快消、服饰搭配、数码 3C 等行业可以尝试此类玩法，为品牌带来不凡的曝光度和影响力。

案例 雅兰床垫联手明星整合营销

雅兰床垫在经过艺人原发微博、雅兰官博相关微博、艺人话题热点、艺人直播等一系列推广活动后，活动曝光及互动数据相当可观，互动量远高于曝光量，说明艺人自身粉丝大部分为忠实粉丝，深受粉丝喜爱，口碑良好，新媒体端影响力巨大，自身演艺属性与雅兰床垫品牌相契合。

1）前期图文预热

与明星艺人合作，艺人直发雅兰床垫广告，并且附带了雅兰床垫天猫网购买地址，如图 5-15 所示。此条微博传播广泛，有将近 300 万的网友阅读，且有将近 3 万网友与此条微博进行了互动。

在微博平台以话题"如何才能睡到大张伟"作为独家推广，如图 5-16 所示。使传播更加具有新媒体端娱乐性，网友积极参与了话题的讨论，达到了将近 200 万的阅读量。

图 5-15　明星发布推广微博

图 5-16　"如何才能睡到大张伟"话题推广

2）直播活动预告短视频

雅兰床垫方以"如何才能睡到大张伟"为话题，在主流视频网站自主上传了直播活动预告短视频，如图 5-17 所示。以艺人本人出境口播的短视频，结合热搜话题，进一步推进直播活动的热潮，使直播活动的资讯传播更加广泛。

图 5-17　直播预告活动短视频

3）明星现场直播活动

明星直播现场，从道具摆设到直播环节的设置，结合艺人个人的诙谐属性与雅兰床垫产品优点，与床形人偶互动，以及坐在床垫上自弹自唱的方式使直播内容丰富，粉丝互动相当热烈，如图 5-18 所示。

艺人直播以及微博宣传推广后，再结合购物节"双十一"的热潮，雅兰床垫达到了 120 000 000 张的销售量，成为了类目首个破亿品牌。

图 5-18　明星现场直播活动

3. 创意营销

品牌产品处于市场发展中期，常规推广如何让用户能够记住产品？新产品上市应该利用何种创意方式打通市场渠道？内容营销如何以优质取胜？

可以以统一品牌形象和营销主题为内容核心，集合多个短视频达到以上目的。PUGC 基于各自的创作风格、粉丝特征，融合场景、情景的原生短视频内容创制，进行千人千面、多角度曝光展示，使 PUGC 的自有粉丝效应形成多圈层精准用户触达、全民覆盖。

有创意的原生内容一直被视为短视频营销获胜的关键，新鲜独特的好内容，自带天然"流量池"，特别是容易在当下普遍同质化的视频内容中一举抓取用户的眼球。这种玩法常应用于抖音、美拍等平台。数码 3C、食品饮料、美妆日化、游戏动漫等全行业的广告主都可以尝试此玩法。

案例　**欧莱雅彩妆在抖音平台发起挑战赛**

IMS 新媒体集团携手欧莱雅，在抖音平台上发起"欧莱雅小钢笔"话题活动，与共计 14 位抖音时尚美妆类达人合作，结合产品可信度以创意、测评等不同方式，通过短视频的形式，软性推广欧莱雅小钢笔日落巴黎新色系列，最终将小钢笔新色系列打造成了抖音网红爆款。

图 5-19 所示为"欧莱雅小钢笔"话题活动的相关短视频。

图 5-19　"欧莱雅小钢笔"话题活动的相关短视频

在抖音平台上与共计 7 位抖音时尚美妆类达人合作，结合产品信誉度以口播、种草等不同方式，在"618"活动前期，通过短视频的形式软性推广欧莱雅粉底液，直接刺激粉丝购物欲望，对销量有一定的帮助。

图 5-20 所示为推广欧莱雅粉底液的相关短视频。

图 5-20　推广欧莱雅粉底液的相关短视频

4. 引导用户"种草"

硬性植入的广告已经较难实现导流转化，应该采取何种软性植入提升品牌产品的关注度？如何自然让用户对产品产生好感，从而拉动销量提升，打造产品美誉度，树立良好口碑？

可以邀请海量中腰部多节点 PUGC，多品类的真实体验推荐，通过图文视频等形式深度种草，千人千面持续性多频曝光，达到受众对产品的"看见 - 了解 - 喜爱 - 搜索"的动作转化，推动品牌整体关注度攀升、打造品牌口碑、推动销量转化。

口碑对于持续提升产品的销量有着潜移默化的"加速器"作用，比如通过"小红书首发＋微信 / 微博 / 美拍"分发的形式，打造口碑，让用户自然种草。美妆日化、食品快消、服饰搭配、数码 3C 等行业的品牌曾通过此类玩法获得了好的传播效果。

案例　"芊嘉"头皮护理新产品推广，引导用户"种草"

"芊嘉"于 2019 年初推出专注于头皮护理的新产品"芊嘉头皮肌活液"，2019 年初正式入驻天猫，作为单价较高的头皮洗护新品牌，声量严重匮乏。

为助力品牌造势，"芊嘉"展开了一系列新媒体营销活动，策划"万人试用"的新品上市活动，并在微博发起"101 头号锦鲤 pick me"活动，以利益驱动关注新品 UGC 产出，借助多平台达人社交影响力扩散，拉升活动和话题热度，形成热点事件，打开品牌知名度，建立品牌初始用户。

1. 微博

优质微博达人结合自身账号属性发布产品试用体验，引导粉丝参与活动，为活动升温。引发粉丝互动评论，获得大量用户优质 UGC，扩大传播效果。图 5-21 所示为微博达人推广引导粉丝参与活动。

图 5-21 微博达人推广引导粉丝参与活动

2. 小红书

小红书达人从时尚美妆，母婴亲子和生活旅行等不同角度和使用需求对产品进行试用"种草"，如图 5-22 所示。软性植入产品，成功唤起用户消费热情，吸引大量用户参与讨论。

小红书优质素人账号"辣椒美美哒"，凭借真实产品体验和优质的文案内容，结合账号自身特点分享产品试用信息，成功引发大量用户互动，曝光量高达 30 多万次，互动量 4500 多次，如图 5-23 所示。

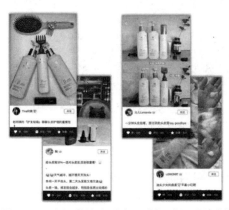

图 5-22 小红书达人对产品进行试用"种草"　　图 5-23 分享试用，引发大量用户互动

5.3.2 抖音春节营销活动分析

以往的春节，让人印象最深的莫过于各品牌的"红包大战"。但 2020 年春节，除了"红包"这一春节必备要素之外，更多品牌选择了更具有"全局观"的方式，不仅保留以往抢红包的形式激增参与度，还贴近用户心智，输出了品牌价值。

"真实、美好、多元"是抖音的调性，也是内容特性，更是品牌属性。

正是因为"真实"，海量用户用真实的生活、真实的镜头、真实的人，表达真实的情感。明星与普通人不分高下，都能在抖音这个大型的"朋友圈"里在一起互动。

正是因为"美好"，PGC 在抖音创造价值，完成自我实现和流量变现，各大官方媒体入驻，传播时代主旋律与正能量。

正是因为"多元"，多样内容百花齐放。有接地气的土味文化，也有"00 后"追逐的潮流，有深耕垂直类的轻知识，也有快乐源泉的单纯网友。

因此，对于抖音平台来说，如何利用"春节"这一话题度和热度，让品牌关键词深入用户心智，实现全方位引爆才是重中之重。

在春节期间，要集中展现抖音强大的产品力、内容力；同时，在品牌认知层面，与竞争对手要拉开差距；在吸引用户的同时，要让用户更愿意留下来。

1. 引爆点：平台特色活动，展现强大产品力

"特效滤镜"一直是抖音产品力强大的表现之一。从美颜到特效，各种方式层出不穷，海量用户更是跳脱原本产品设计思路，展现个性，展现创意。

因此，作为春节战役第一枪，以滤镜作为引爆点无疑是最优选择。明星和达人在一起，轻松完成"宝宝特效"活动，如图5-24所示。

图 5-24　使用"宝宝特效"所拍摄的短视频

2. 破局限：老梗站内新技法，多维度展现强大内容力

每到新年之际，我们都会许下新年心愿。因为我们始终相信，愿望可以让一切美好发生。为此，抖音平台在2019年岁末之际，以"蓄力新年心愿"为主题，打造了一面能够帮助大家实现愿望的心愿墙。用户许下心愿，就可以领取红包。图5-25所示为"蓄力新年心愿"活动界面和相关短视频。

图 5-25　"蓄力新年心愿"活动界面和相关短视频

　　从抖音生态出发，以抖音日常、才艺、正能量等不同维度的内容为基础；从"每个人、每类人、每个行业"都有美好愿望这 3 个层面，混剪成一部 2019 抖音美好大片，如图 5-26 所示，同时对用户发出了来抖音"蓄力新年心愿"的邀请。

图 5-26　2019 抖音美好大片短视频

　　3. 新生态：直播新方法，争做红包界的顶流

　　"红包"作为一种具有新年属性的特殊介质，已经成为新年社交的必备良品。抖音新年直播，用"红包"撬动大众的新年共识，将年味红包注入更多"星味"。

　　对与广告公司联手制作的明星定制化"创意物料"进行外围发酵，打造站内"明星宠粉夜"直播活动作为流量入口。用红包打响 2020 年的传播第一炮！让抖音"短视频＋直播"的新业态，在新年之际火出圈了！

　　通过官方微博、微信等新媒体进行线上活动宣传，如图 5-27 所示；同时，在机场、火车站等人口密集场所通过视频和海报的方式进行线下活动宣传，如图 5-28 所示。

图 5-27　线上活动宣传　　　　**图 5-28　线下活动宣传**

　　如果新年是个圈，那"红包"在新年节点里一定位居顶流。在这场年末的红包浪潮中，抖音通过与流量明星的强强联手，让优质的"创意物料"占领流量高地。

　　4. 强品牌：我们都是美好生活记录者

　　抖音创作者和大咖导演并没有什么不同，无论时长 / 时短，无论艺术 / 生活，不分高低，不分贵贱，在抖音，都是"美好生活记录者"。

　　2020 年初，抖音发起了"美好生活记录者"活动，集齐四位导演大咖，用专属的影调风格解读"记录"。导演发声,输出观点,为"记录美好生活"品牌概念赋能。图 5-29 所示为"美好生活记录者"活动的相关宣传。

图 5-29 "美好生活记录者"活动的相关宣传

"记录美好生活"不是句空话,不管是拿起手机还是摄像机,不管是普通人还是导演大咖,不管是平凡日常还是不凡生活,记录的都是美好生活,每个人,都是"美好生活记录者"。

5. 火全网:钱要用到刀刃上

要说过年什么必不可少,红包必然是第一名,从 14 年的微信红包开始,到支付宝的集五福,"红包大战"俨然成为春节标配,红包当然没有人嫌多。只是如何能在"红包大战"中脱颖而出呢?

(1)创意 ID:独家红包互动模式,爱豆和你一起抢红包!

"明星 + 红包"双引擎驱动。在抖音,面对春节期间五花八门的发红包方式,明星们不仅要单纯靠刷脸和告白,而是要在整个抖音乃至头条的内容生态里活跃起来。

贯彻抖音"真实"的品牌调性,要打破明星与用户的屏障,要连线视频,要对花式红包进行说明……这些所有的一切,都像是你的老朋友一样,喊你来抢红包啦。图 5-30 所示为邀请明星拍摄的活动短视频。

图 5-30 明星拍摄的活动短视频

（2）海报刷街：不仅要你多看一眼，更要你满眼都是。

在满大街"红红火火"的刷街广告的冲击下，各个品牌都在试图用最多彩的"红"告诉你，这里有红包。但是，谁能做到在人海之中让你多看一眼，谁就能更胜一筹。

因此，要以"更强红包感知、更强人物外放、更多品牌露出、更强核心利益"为原则，设计抖音春节刷街红包广告。"万红丛中一点蓝，想不注意有点难"，"明星冲出手机屏幕，就是要给你发个红包！"图 5-31 所示为活动的线上与线下宣传。

图 5-31　活动的线上与线下宣传

春节营销大战并不仅仅是一场红包大战，更是一场关乎品牌、内容、生态之间的持久战。吸引用户并不难，难的是如何结合品牌的自身属性，让用户留下来，才是最终的考量标准。

课堂讨论： 如果是你，你将如何策划一个短视频营销活动？

5.4　短视频营销活动技巧

随着短视频的发展，越来越多的商家和品牌选择了短视频作为其宣传推广的重要渠道。同时，也加大了在相关短视频平台上的投放力度。本节将向大家介绍一些短视频营销活动的技巧。

5.4.1　通过热点话题吸引关注

短视频如果想吸引庞大的流量，就应该有效地借助热点来打造话题，紧跟潮流。这样做的好处有以下两点。

（1）话题性强。充满话题性的短视频更能打动人、引起热烈讨论，传播范围更广。

（2）能上热搜。热点可以帮助短视频上热搜，在搜索过程中带来巨大的流量。

热点包括不同的类型，涵盖了社会生活的方方面面，比如社会上发生的具有影响力的事件，或者是富有意义的节日、比赛等。另外，一些娱乐新闻或者电影、电视剧的发布也是热点的一部分。

5.4.2 邀请引人注目的流量明星

明星在短视频运营中的作用是不容忽视的，粉丝和媒体的力量十分强大，能够让短视频内容变得更加引人注目。从短视频诞生之日起，明星就已经参与其中了。在后来短视频的发展过程中，又有不少明星推出了短视频内容。

案例 李宁体育邀请流量明星

李宁体育为了宣传和推广品牌，加入了抖音，并推出了其明星代言人的相关视频，迅速获得了几百万粉丝的关注，赢得了众多的用户点赞和互动。图5-32所示为"李宁体育"的抖音账号和相关短视频。

图5-32　"李宁体育"的抖音账号和相关短视频

5.4.3 富有创意的活动广告植入

在短视频运营中，创意是提升推广效果的关键。特别是在推广过程中，利用创意方式植入广告，能在很大程度上改变用户观感和广告的契合度，如图5-33所示。

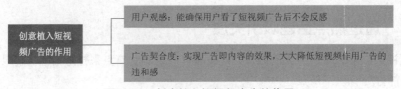

图5-33　创意植入短视频广告的作用

案例 江小白创意短视频

在广告创意方面，江小白算得上是做得比较成功的。除了一些比较经典的广告文案外，它在短视频广告推广上也毫不逊色。如它的"江小白的酒馆，深夜食堂即视感"的短视频广告就是如此。图5-34所示为"江小白"的抖音账号和相关短视频。

图 5-34 "江小白"的抖音账号和相关短视频

在这一短视频中，关于江小白这一品牌的广告植入是非常有创意的，紧扣"打鸡血"这一主题，把江小白酒、番茄汁、柠檬汁、黑胡椒粉、食盐和辣椒酱混合，再添上柠檬片和芹菜，充分代表生活中的酸甜苦辣，最后声明主题"不要失望，生活总是不如想象"，实现了江小白这一品牌和产品的创意植入。

5.4.4 建立人设，形成风格

所谓"人设"，就是人物设定的简称，它是用来描述一个人物的基本状况的，一般分为角色设计和人物造型等。从具体的内容来说，人设主要包括人物的性格、外貌特征和生活背景等。

一般来说，人设是一篇故事得以继续下去和合理展现的重要因素，如果人设不合理，那么所展现出来的内容必然也是违反常规和逻辑的。人设如果设置得好，在吸引用户注意力方面会起到画龙点睛的作用。

因此，在进行短视频运营时，有必要通过建立品牌人设来推广引流。其原因就在于如果能打造别具特色的、专属的品牌人设，形成固定风格，那么在引导用户群体关注和提升忠诚度方面是非常有效的。

案例 东鹏特饮通过短视频塑造品牌人设

图 5-35 所示为东鹏特饮塑造品牌人设的抖音短视频案例，都有"阿鹏"这一角色存在，他就是这一品牌塑造的清晰且年轻化的人设。在"东鹏特饮"抖音号的短视频内容中，通过阿鹏和相关人物的精彩演出，拉近了东鹏特饮品牌与其目标用户之间的距离，最终达到了扩大传播范围和提升用户黏性的目的。

那么，在品牌推广引流中，应该如何通过人设来提升效果呢？具体来说，其运营逻辑包括 3 大流程，如图 5-36 所示。

图 5-35　"东鹏特饮"的抖音账号和相关短视频

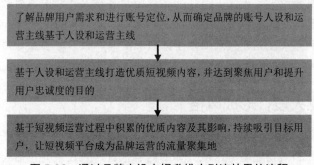

图 5-36　通过品牌人设来提升推广引流效果的流程

5.4.5　发起挑战，提升认知

挑战赛是一种快速聚集流量的拍摄功能。在笔者看来，短视频挑战赛的发起和参与，作为一种独特的短视频营销模式，是极易于提升品牌认知度和获得消费者好感的方式。图 5-37 所示为短视频挑战赛的运营推广分析。

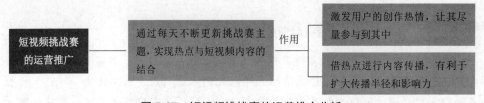

图 5-37　短视频挑战赛的运营推广分析

在抖音平台上，有着众多参与人数多、点赞量多的挑战赛，运营者可以选择主题、风格合适的挑战赛参与其中。

案例　蒙牛新产品在抖音平台发起挑战赛活动

图 5-38 所示为蒙牛 ZUO 酸奶品牌发起的"我才是好喝表情帝"挑战赛。"我才是好喝表情帝"挑战赛迎合了年轻人的喜好，与这一挑战赛相关的视频达到了 15 亿次播放量。对蒙牛 ZUO 酸奶这一品牌而言，不仅起到了传播品牌故事和宣传品牌价值的作用，还在某种程度上带动其他人玩起来，提升了他们对品牌的认知度和参与度。

图 5-38　"我才是好喝表情帝"挑战赛相关短视频

5.4.6　创意贴纸，下载引流

利用短视频来进行品牌推广，有两个层次的目标：一是能减少用户对广告的反感情绪，前面介绍的植入创意广告和后文中即将介绍的找 KOL（关键意见领袖）合作就能达到这一目标；二是能实现双方互动，并促进短视频内容的二次传播，在更大范围内提升品牌的好感度。

关于这两个层次目标的实现，短视频平台的互动贴纸应用就是一个很好的方法。运营者可以在平台上发起挑战赛并定制创意贴纸，而用户可以在拍摄视频时选择贴纸下载，如果品牌和商家定制的创意贴纸吸引人，那么用户使用的频率就比较大，从而促进品牌的传播。

案例　必胜客在抖音平台策划主题活动

大家熟悉的餐饮品牌必胜客，就曾在抖音平台上策划了一个名为"DOU 出黑，才够 WOW"的主题活动用来宣传其新品。"必胜客 WOW 烤肉黑比萨"，并通过平台定制了多种含有必胜客元素的背景音乐、360 度全景贴纸和系列面部贴纸等贴纸，如图 5-39 所示。

图 5-39 "DOU 出黑，才够 WOW"主题活动相关短视频

5.4.7 剧情的反转能够带来惊喜

在短视频的运营推广中要注意，剧情表达方式不同，其运营效果也会产生相应的差异。特别是当一个短视频的剧情平铺直叙地展开，而另一个短视频的剧情却突然反转，对受众来说，后一种剧情更能带给人惊奇感，更能吸引人注意。

因此，运营者在安排短视频剧情时可以从反转的角度出发进行设计，打破常规惯性思维，提供给受众一个完全想不到的结局，让受众由衷感叹剧情的曲折性和意外性。

例如"美团外卖"的短视频账号，经常发布一些搞笑情节的剧情反转短片，通过幽默风趣的表演和反转的剧情来吸引用户的关注。图 5-40 所示为"美团外卖"的抖音账号和相关短视频。

图 5-40 "美团外卖"的抖音账号和相关短视频

不仅短视频广告可以安排反转的剧情，在平常的短视频运营中也可多多运用这种方法来打造优质短视频。一些搞笑视频，是通过剧情反转来营造幽默氛围的。

5.4.8 与 KOL 合作提升影响力

KOL，英文全称为 Key Opinion Leader，即关键意见领袖，这一类人一般具有 3 个基本特点。

（1）在产品信息掌握方面，明显更多、更准确。

（2）在群体关系方面，为相关群体所接受或信任。

（3）在影响力方面，更易让相关群体产生购买行为。

正是因为这 3 个特点，使得由 KOL 参与的企业广告在推广方面效果显著。对运营者来说，在短视频广告中找 KOL 进行合作，存在以下 3 大明显优势。

（1）是一种软性植入方式，用户不易产生反感。

（2）借助 KOL 的影响力，可以提升广告传播效果。

（3）KOL 构思创意视频内容，实现与产品特性的衔接。

可见，找 KOL 进行合作是一种有效的推广方法，有利于提升产品和品牌知名度和信任度，最终成功促进产品的销售。

案例　**阿玛尼携手抖音KOL推广新产品**

阿玛尼为了推广新上市的霓色唇语限量系列产品，通过 IMS 新媒体商业集团，与共计 11 位抖音时尚美妆类达人合作，以"lipvibes"为标签，赋予每个色号独特的含义，对霓色唇语限量系列唇膏进行推广。

图 5-41 所示为抖音时尚美妆达人拍摄的产品推广短视频。

图 5-41　抖音时尚美妆达人拍摄的产品推广短视频

本次新产品推广所选择投放的博主视频的调性和所推广的产品非常吻合，在有限资源内最大程度触及到了目标消费者。

5.5 短视频营销活动成就企业品牌

在短视频发展过程中，各种主体纷纷加入短视频运营中，除了企业和个人以外，还有各级党政机关。在这些主体中，企业为了进一步塑造自身的形象和宣传自身品牌，更是不遗余力地发展短视频运营。这是为什么呢？归根结底，还是短视频所具有的营销方面的优势。

5.5.1 短视频迎合企业传播诉求

在移动互联网不断深入发展的情况下，人们更多地选择使用移动终端来随时随地浏览各种平台的信息，信息、媒体、时间、传播手段及受众都呈现出明显的碎片化特征。

时代的变化，必然使社会的相应事物也发生变化，企业品牌的营销也是如此。在碎片化时代之前，企业品牌的营销逻辑主要集中在对其核心诉求点的宣传上，具体如图 5-42 所示。

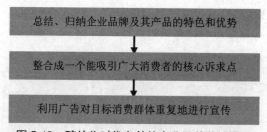

图 5-42 碎片化时代之前的企业品牌营销逻辑

进入碎片化时代以后，以前的企业品牌营销逻辑在效果方面将会大打折扣。广大消费者每天通过移动终端接触的信息非常多，在这种情况下，人们的注意力必然会被多信息吸引而无比分散，接触到的企业品牌和产品信息也会非常多。

要想成功突围品牌林立的竞争环境，企业就必须利用移动互联网抓住与广大消费者更多的接触机会，并从多角度充分展示企业品牌及其产品，并从中感受品牌带给消费者的优质服务体验。只有这样，才能在短时间内让消费者在充斥和传播着众多碎片化信息中对企业品牌有更清晰的认知。

同时，对企业来说，要想更好地生存下去，就必须基于碎片化的特征引进新的营销思维和手段。短视频营销应运而生，它在营销时，首先大多是一种软性推广，广告属性不强，能让用户更愿意接受。再加上其内容具有更加丰富和生动的表达效果，成为企业品牌营销推广的一种主流形式也就不足为奇了。

案例　汉堡王通过主题挑战活动推广新产品

汉堡王为了推广限时新品德式烤猪肘堡，在抖音短视频平台推出了"舔到肘，算你赢"的主题挑战活动，并且将线下指定门店改造成了主题定制门店。挑战活动一推出，便成为抖音上的一个热门挑战，吸引了不少年轻人用自己的方式挑战"舔肘"活动。

图 5-43 所示为"舔到肘，算你赢"挑战活动的相关短视频。

图 5-43　"舔到肘，算你赢"挑战活动的相关短视频

通过这样的主题挑战活动，成功吸引用户参与进来，也很好地进行了新产品的推广。

当然，从内容的接收者和制作者方面来说，短视频成为企业品牌推广的主流形式之一，也迎合了碎片化的传播诉求，具体如图 5-44 所示。

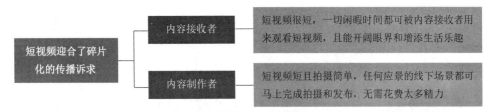

图 5-44　从内容接收者和制作者角度的短视频迎合了碎片化的传播诉求解读

5.5.2　多种机会展示企业品牌

在短视频中，展示企业品牌有着众多的机会和巨大的优势。

一方面，短视频平台的用户增长非常快且活跃度较高，而碎片化的观看方式也让每位用户每天积累起来的在线时长很可观。所以，利用短视频平台进行营销，企业品牌能获得更高的曝光量。

另一方面，短视频展示企业品牌的机会也很多。以抖音平台为例，在该平台上，品牌展示可分为三种情况，即与抖音官方合作、认证的企业"蓝V"和软性的品牌植入，这些都能大大提高品牌的曝光率，下面将对这三种情况分别进行介绍。

1. 与抖音官方合作

在"与抖音官方合作"展示企业品牌时，比较常见的是挑战赛项目。

案例　携程与抖音合作推出H5和挑战赛活动

抖音联手携程在2018年十一黄金周期间合力打造旅行IP活动，通过富有创意、精美的H5"FUN游物种"推出携程定制出游活动，如图5-45所示。

图 5-45　H5"FUN 游物种"

同时，通过与抖音官方合作，携程还邀请一些抖音网红KOL发起了"携程FUN肆之旅"挑战赛，提升品牌曝光度。图5-46所示为"携程FUN肆之旅"挑战赛活动的相关短视频。

图 5-46　"携程 FUN 肆之旅"挑战赛相关短视频

无论是H5页面还是挑战赛，都是携程与抖音官方合作发布的用以提升品牌曝光率的宣传活动。

2. 认证的企业"蓝V"发布

企业品牌除了可以通过与抖音官方合作发布广告外，还可以在满足条件的情况下进行认证企业"蓝V"发布，也可以发布广告和展示品牌。图5-47所示为认证企业"蓝V"的抖音号主页。

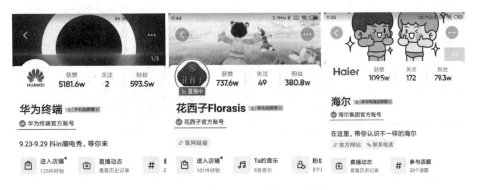

图5-47　"蓝V"认证的企业抖音号

3. 软性的品牌植入

软性的品牌植入适合所有企业品牌，其展示的场景不仅包括自身的抖音号，还可以提供一定的资金支持，邀请抖音达人在他们的短视频中展示，这也是一种"广告植入"的方式。这样的品牌展示，其作用不仅仅是提高品牌的曝光率，还能通过软性的植入提升用户好感，让其在不知不觉中更乐于接受品牌的广告信息。

5.5.3　年轻用户更容易接受新事物

对于短视频内容，其更多的用户是年轻人。在抖音这一具有代表性和备受用户喜爱的短视频平台上，其用户的年龄明显呈现出更加年轻化的趋势，大多数抖音用户年龄集中在18～24岁这一年龄段。

相对于中年人和老年人来说，年轻人明显对新事物的接受能力更强，对新事物更具有好奇心，也更愿意参与到有新鲜感的各种短视频挑战中。

综上所述，在年轻人占据主体地位的短视频平台上，进行品牌新产品和新理念的宣传和推广，明显更具优势。尤其对那些本身的目标用户群体为年轻人的企业品牌而言，达到了影响更愿意接受新事物的年轻人群体和目标用户群体二者的双重目的。

5.5.4　通过活动加强与用户联系

经常观看抖音短视频的用户会发现，在短视频标题中经常添加了话题。而在进行搜索时，输入关键词后，搜索框下方有"话题"这一选项，如果运营者想要搜索与关键词相关的话题，就可以选择"话题"，即可显示相应的话题搜索结果。图5-48所示为以"摄影"为关键词的话题搜索结果页面和具体的话题页面。

图 5-48 以"摄影"为关键词搜索到的相关话题

可见，在抖音平台上，无论是对运营者还是对用户来说，话题都是与短视频接触过程中不可缺少的。其实，其他短视频平台同样有很强的话题性。企业品牌完全可以利用短视频平台的强话题性进行营销，不管是发布挑战赛话题还是参与到平台或各类达人发起的话题中进行短视频制作，都是可行的。

案例　哈尔滨啤酒在世界杯比赛期间发起"抖出庆祝新姿势"主题挑战活动

在世界杯比赛期间，哈尔滨啤酒以高价值的广告曝光资源（如短视频的开放和信息流），以及强大的互动来冲击 13 亿的曝光量。

活动期间，信息流广告页面浏览量累计超过 257 万次，开屏广告访问量达到 5600 万次，点击率超过 295 万次。除此之外，在抖音平台上还发起了"抖出庆祝新姿势"的主题挑战活动，在国家体育场掀起了一次大型的啤酒狂欢节活动，成功吸引了 27 万多名用户，有 3.5 万人参与了短视频活动，相关短视频总计超过 20 亿次播放。

通过"抖音＋足球＋哈尔滨啤酒"为主题的组合贴纸道具，用户数量超过了 6.9 万，品牌曝光量成功扩大。

图 5-49 所示为"抖出庆祝新姿势"挑战活动相关短视频。

图 5-49 "抖出庆祝新姿势"挑战活动相关短视频

关于互动性，多次提及的挑战赛就是一个有着极大互动性的平台活动。另外，短视频平台还提供了多个企业品牌能与用户互动的入口，如点赞、评论和转发。

5.5.5　塑造和提升企业品牌形象

与建立微信公众号、头条号等类似，企业品牌建立抖音号也可以塑造和提升品牌形象，特别是对那些已经进行了"蓝V"企业认证的品牌，其所建立的抖音号就是它们塑造自身品牌形象可以利用的阵地。

图 5-50 所示为"OPPO"抖音号主页，可以看到该企业的"蓝V"认证标志。该抖音号的短视频内容，通过明星演绎内容和进行宣传，全面诠释了企业品牌和产品，塑造了品牌形象。

图 5-50　"OPPO"抖音账号和相关短视频

在利用抖音等短视频平台塑造品牌形象的过程中，企业应该注意，短视频内容毕竟不同于图文内容，其用户群体还是有着一定区别的。因此，企业品牌主可以试着改变其以往的严谨、庄重等形象，以便契合短视频平台的调性。否则，一本正经式的短视频是很难获得短视频平台用户喜欢的，更不用说促进营销了。

课堂讨论： 短视频营销活动有助于企业扩大产品和品牌的影响力，简单说说短视频营销对企业品牌的帮助都表现在哪些方面？

5.6　本章小结

通过举办活动进行营销推广是比较常见的一种营销推广方式。在本章中介绍了有关活动营销的相关知识，完成本章内容的学习之后，读者要能够理解活动营销的相关概念和流程，并能够理解短视频活动营销的相关技巧，能够在短视频日常运营中应用相应的活动营销技巧，扩大品牌的影响力。

第6章　渠道推广

除了短视频的内容之外，平台和渠道也是短视频引流成功的关键。从某一方面来说，"内容为王"中的"内容"必然也是通过一定的渠道来实现引流目标的。本章主要讲解有关短视频渠道推广的相关知识，介绍不同的短视频推广渠道和营销推广方法，使读者能够根据短视频类型来选择合适的推广渠道和方法。

6.1　理解短视频推广

为什么自己的短视频内容很好，可是播放量却平平呢？完成短视频的拍摄和制作后，不仅仅是发布出去那么简单，还要有推广过程。本节将向大家介绍有关短视频推广的相关知识。

6.1.1　短视频推广渠道

目前短视频的推广渠道大致可以分为4类，分别是：短视频平台、社交平台、资讯平台、营销平台。

（1）短视频平台：通过这类渠道进行推广，粉丝的数量对短视频播放量的影响比较大，如抖音、快手、美拍等。

（2）社交平台：这类推广渠道更具有传播性，如微信、微博、QQ等。

（3）资讯平台：通过这类渠道进行推广，短视频的播放量大多是通过系统自身的推荐机制来获得的，如今日头条、一点资讯、百度百家等。

（4）营销平台：这类渠道通常是针对企业产品短视频的推广，可以更好地宣传产品或企业，如淘宝、京东、美团等。

6.1.2　如何选择合适的推广渠道

了解了短视频推广的相关渠道，那么如何选择合适的推广渠道呢？

1. 要考虑自身的属性

什么是自身属性？比如说你是个体用户，是一个生产者，就是喜欢拍摄，想让更多的人看到你的短视频，你可以在微博上面多上传一些视频，因为微博属于社交平台，更具传播性，可以满足你想让更多人看到的需求。

如果你想组建团队创业或者本身就拥有一个团队，又或者你是从传统行业转型或者从其他行业转型过来，想做美食类节目，做宠物类节目。这样的话，前期可以在今日头条这类资讯平台多上传一些原创短视频。因为前期没有用户，资讯平台的推荐机制会给你带来一定的流量。

并且因为所注册账号的属性不同，可能为你带来的流量收益的分成也不一样。

2. 短视频定位

这里所说的短视频定位是指所创作的短视频的内容是哪一种类型的。在创作短视频之前一定要提前做好自己短视频内容的定位，可以选择自己擅长的、感兴趣的或者觉得做起来点击量会很高的内容来做。

总之，定位是短视频很重要的一个步骤。短视频定位确定了，选择上传渠道的时候也会有一个大体的方向。

6.1.3　短视频推广的目的

对短视频进行营销推广，就是希望所创作的短视频能被更多的人看到，获得更多的粉丝，提高短视频播放量，或者提升品牌影响力。

1. 获得粉丝

如果短视频推广的目的是获得粉丝，那么选择在短视频平台上传短视频就是不错的选择，因为短视频平台的粉丝数对播放量的影响很大。

如果所创作的短视频比较有特点，前期可能会有一定播放量的积累，做得好的话可能就会上热门。你的粉丝看到之后就会评论、转发、点赞，慢慢地为你带来更多的粉丝关注。也可以利用朋友圈为自己的短视频导流，获得一定量的粉丝。

2. 品牌影响力

如果想获得更大的品牌影响力，可以选择多平台分发，选择一些大的渠道平台，如今日头条、西瓜视频、微博之类。这些平台被人们熟知，同时关注的人群比较多，曝光率高，品牌推广的机会就会更大。

3. 播放量

如果推广的目的是想获得更多的播放量，那么就可以选择全渠道推自己的短视频。不管渠道大还是小，只要发了带量就可以，也不用考虑带来了多少量，因为你的目的就是为了要提高短视频的播放量。

因此，短视频推广目的不同，选择分发的渠道就有所不同。

课堂讨论：简单说说你所理解的短视频推广是什么？通过不同的渠道对短视频进行推广的区别是什么？

6.2 通过社交平台进行推广

社交平台作为短视频传播过程中必不可少的关键要素之一，一直是推动短视频行业发展和短视频推广的重要平台。

在社交平台上，运营者进行短视频传播和推广时可选择的平台和渠道是多样化的，包括有着巨大用户基础的微信、QQ 和微博等平台矩阵。本节就围绕如何在社交平台上进行短视频推广进行介绍，以帮助运营者实现维护好友关系与利用短视频引流二者兼得的目标。

6.2.1 朋友圈

朋友圈对于短视频运营者来说，虽然一次传播的范围比较小，但是从对接收者的影响程度来说，却具有其他一些平台无法比拟的优势。图 6-1 所示为利用朋友圈进行短视频推广的优势。

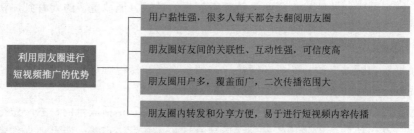

图 6-1 利用朋友圈进行短视频推广的优势

那么，在朋友圈中进行短视频推广，运营者应该注意什么呢？在笔者看来，有 3 个方面需要重点关注，具体分析如下。

（1）运营者在拍摄短视频时要注意开始拍摄时画面的美观性。因为推送到朋友圈的短视频是不能自主设置封面的，它显示的就是开始拍摄时的画面。当然，运营者也可以通过视频剪辑的方式保证推送视频"封面"的美观度。

🐾 **小贴士：** 运营者如果想要让朋友圈的好友一眼就明白短视频的主题，可以通过添加字幕的方式在短视频开始播放位置进行设置。

（2）运营者在推广短视频时要做好文字描述。因为一般来说，呈现在朋友圈中的短视频，好友看到的第一眼就是其"封面"，没有太多信息能让受众了解该视频内容。因此，在短视频封面，要把重要的信息放上去，如图 6-2 所示。这样的设置，一来有助于大家了解短视频，二来如果设置得好，可以吸引大家点击播放。

（3）运营者推广短视频时要利用好朋友圈的评论功能。朋友圈中的文本如果字数太多，是会被折叠起来的，为了完整展示信息，运营者可以将重要信息放在评论里进行展示。这样，就会让浏览朋友圈的人看到推送的有效文本信息。这也是一种比较明智的推广短视频的方法。

图 6-2　朋友圈中的短视频广告

6.2.2　微信公众号

　　微信公众号，从某一方面来说，就是个人、企业等主体进行信息发布并通过运营来提升知名度和品牌形象的平台。运营者如果要选择一个用户基数大的平台来推广短视频内容，且期待通过长期的内容积累构建自己的品牌，那么微信公众平台是一个理想的传播平台。

　　通过微信公众号来推广短视频，除了对品牌形象的构建有较大促进作用外，还有一个非常重要的优势，那就是微信公众号推广内容的多样性。

　　在微信公众号上，运营者如果想要进行短视频推广，可以采用多种形式来实现。然而，使用最多的有两种，即"标题 + 短视频"形式和"标题 + 文本 + 短视频"形式。图 6-3 所示为微信公众号推广短视频的案例。

图 6-3　通过微信公众号推广短视频

　　不管采用哪一种形式，都必须清楚地说明短视频内容和主题思想。

小贴士： 在进行短视频推广时，也并不局限于某一个短视频的推广。如果运营者打造的是有着相同主题的短视频系列，还可以把视频组合在一篇文章中联合推广，这样更有助于受众了解短视频及其推广主题。

6.2.3 QQ

在QQ平台上进行短视频推广引流，是可以通过多种途径来实现的，如QQ好友、QQ群和QQ空间等。本小节就以QQ群和QQ空间为例来进行具体介绍。

1. QQ群

在QQ群中，如果没有设置"消息免打扰"，群内任何人发布信息，群内其他人都会收到提示信息。因此，与朋友圈不同，通过QQ群推广短视频，可以让推广信息直达受众，受众关注和播放的可能性也就更大。

且QQ群内的用户都是基于一定目标、兴趣而聚集在一起的，因此，如果运营者推广的是专业类的视频内容，那么可以选择这一类平台。

另外，QQ群明显比微信群更易于添加和推广。目前，QQ群有许多热门分类，短视频运营者可以通过查找同类群的方式，加入进去，然后再进行短视频的推广。

利用QQ群话题来推广短视频，运营者可以通过相应人群感兴趣的话题来引导QQ群用户的注意力。如在摄影群里，可以首先提出一个摄影人士普遍感觉比较有难度的摄影场景，引导大家评论，然后运营者再适时分享一个能解决这个摄影问题的短视频。这样的话，对这一问题感兴趣的人一定不会错过。

2. QQ空间

QQ空间是短视频运营者可以充分利用的一个好地方。当然，运营者首先应该建立一个昵称与短视频运营账号相同的QQ号，这样才更有利于积攒人气，吸引更多人前来关注和观看。下面就为大家具体介绍7种常见的QQ空间推广短视频的方法，如图6-4所示。

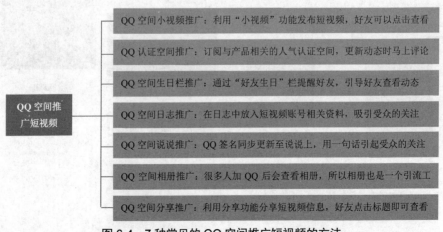

图6-4　7种常见的QQ空间推广短视频的方法

6.2.4　微博

在微博平台上，运营者进行短视频推广，除了微博用户基数大外，主要还是依靠两大功能来实现其推广目标，即 "@" 功能和热门话题。

首先，在进行微博推广的过程中，"@" 这个功能非常重要。在博文里可以 "@" 明星、媒体、企业，如果媒体或名人回复了你的内容，就能借助他们的粉丝扩大自身的影响力。若明星在博文下方评论，则会收到很多粉丝及其他微博用户关注，那么短视频定会被推广出去。

其次，微博 "热门话题" 是一个制造热点信息的地方，也是聚集网民数量最多的地方。运营者要利用好这些话题，推广自己的短视频，发表自己的看法和感想，提高阅读量和浏览量。

案例　　百威红罐 "新年敬我们" 微博推广

百威集团旗下的 "红罐" 在除夕进行项目推广。IMS 也助力品牌造势，进行资源匹配及内容策划撰写，以 "资源＋内容" 营销实现品牌声量扩大，促使产品销量提升。

品牌利用中国除夕夜的时间点，结合品牌 "蚂蚁小威" 形象复出。通过匹配合适的资源进行品牌的声量扩散，通过目标消费者洞察及分析各资源本质，加上品牌素材 4 支明星参演 TVC 短视频，在微博平台利用意见领袖传播扩散，引发全网关注。

图 6-5 所示为百威红罐 "新年敬我们" 微博推广相关截图。

图 6-5　百威红罐 "新年敬我们" 微博推广

课堂讨论：简单说说你觉得通过哪个社交平台进行短视频推广的效果比较好？为什么？

6.3 通过资讯平台进行推广

在当前这个信息爆炸、生活节奏加快的时代，想要充分利用人们碎片化的时间进行信息传递，利用资讯平台推广短视频是一个比较理想的渠道。资讯平台上的短视频，依靠传播快速的特点，带动庞大的流量，从而使得推广效果更上一层楼。

本节就以今日头条、一点资讯和百度百家为例介绍如何进行短视频的推广运营，从而最大化占据用户的碎片化时间，轻松获得百万粉丝。

6.3.1 今日头条

今日头条是用户最为广泛的新媒体运营平台之一，因其运营推广的效果不可忽视。所以，众多运营者都争着注册今日头条来推广运营自己的各类短视频内容。

大家都知道，抖音、西瓜视频和火山小视频这 3 个各有特色的短视频平台共同组成了今日头条的短视频矩阵，同时也汇聚了我国优质的短视频流量。正是基于这 3 个平台的发展状况，今日头条这一资讯平台也成为推广短视频的重要阵地。图 6-6 所示为今日头条的短视频矩阵介绍。

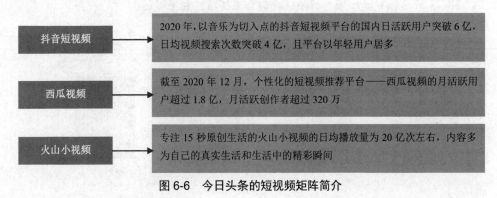

图 6-6 今日头条的短视频矩阵简介

运营者在有着多个短视频入口的今日头条上推广短视频，为了提升宣传推广效果，应该基于今日头条的特点掌握一定的技巧。

1. 从热点和关键词上提升推荐量

今日头条的推荐量是由智能推荐引擎机制决定的，一般含有热点的短视频会优先获得推荐，且热点时效性越高，推荐量越高，具有十分鲜明的个性化特征，这种个性化推荐决定了短视频的位置和播放量。因此，运营者要寻找平台上的热点和关键词，提高短视频的推荐量，具体如图 6-7 所示。

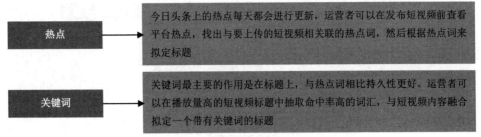

图 6-7　寻找热点和关键词提升短视频推荐量

2. 高品质的标题

前面已经多次提及了标题，可见，今日头条的标题是影响短视频推荐量和播放量最重要的因素。一个好的标题获得的引流效果是无可限量的。因为今日头条的用户中标题党居多，所以标题除了要抓人眼球，还要表现出十足的品质感，做一个有品质的起名高手。因此，运营者在依照平台的推广规范进行操作时，还要留心观察平台上播放量高的短视频标题。

3. 严格把关短视频内容，更快过审

今日头条的短视频发布由机器和人工共同把关。通过智能的引擎机制对内容进行关键词搜索审核，其次，平台编辑进行人工审核，确定短视频值得被推荐才会推荐审核。先是机器把文章推荐给可能感兴趣的用户，如果点击率高，会进一步扩大范围把短视频推荐给更多相似的用户。

🔖 **小贴士：** 在今日头条平台中，短视频内容的初次审核是由机器执行的。因此，运营者在用热点或关键词拟定标题时，尽量不要用语意不明的网络语或非常规用语，那样会增加机器理解障碍。

6.3.2　一点资讯

相较于今日头条，一点资讯平台虽然没有那么多入口供短视频运营来进行推广，但是该平台上还是提供了上传和发表短视频的途径的。

进入"一点号"后台首页，单击页面上方"发布"右侧的向下三角形按钮，在弹出的下拉菜单中选择"发小视频"选项；进入"小视频"界面，单击"视频上传"按钮，如图 6-8 所示；在弹出的"打开"对话框中选择合适格式的视频上传；上传完成后，即可跳转到视频编辑界面，进行相应设置；单击"发布"按钮，如图 6-9 所示，即可发表视频。

🔖 **小贴士：** 面对日渐火热的短视频市场，一点资讯也在 2018 年 10 月推出了"小视频"功能，其在文件格式上的要求与"视频"一样，但是运营者要注意，它只支持 7 ～ 59 秒钟的竖屏视频上传。

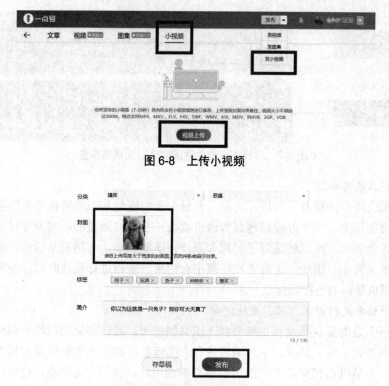

图 6-8　上传小视频

图 6-9　设置小视频相关信息

　　运营者发表短视频并经审核通过后，会在一点资讯的"视频"版面中显示出来，可以让更多的人看到运营者发表的短视频。

　　当然，在发表时要注意选准时间，最好是 6:00 ～ 8:30 之间、11:30 ～ 14:00 之间和 17:30 以后。因为一点资讯平台的"视频"界面是按更新时间来展示视频的，选择这些时间推广，更容易显示在页面上方。

6.3.3　百度百家

　　百度百家是百度旗下的自媒体平台，运营者只要注册了百家号，就可以在上面通过多种形式进行推广，视频内容就是其中之一。图 6-10 所示为百家号的"发布小视频"界面。

　　在利用百家号进行短视频的推广和引流时，除了一些常规性内容（标题、封面、分类、标签和视频简介等）要注意设置的技巧之外，运营者还有两个方面需要注意，下面进行具体介绍。

　　1."定时发布"功能

　　在百度百家平台上，运营者可以在编辑完内容后，通过单击"定时发布"按钮，在弹出的"定时发文"对话框中设置发布的时间来发布视频。图 6-11 所示为"定时发文"对话框。

图 6-10 百家号的"发布小视频"界面

图 6-11 百家号的"定时发文"对话框

基于这一功能,运营者可以在空闲时间上传并编辑好视频内容,然后针对目标用户群体属性,选择合适的时间实现精准发布。这样可以大大提升视频的曝光度,促进短视频的推广。

2. 热门活动

在百家号后台"首页"的公告区域下方,会经常显示各种热门活动,例如奖励丰厚的"百万年薪"和"千寻奖",短视频创作者完全可以参与进去。如果获奖的话,不仅能增加收益,还能提升创作者的知名度,促进短视频的推广。

课堂讨论: 你平时所关注的资讯平台是什么?有没有通过资讯平台关注过某一类型的短视频?

6.4 通过营销平台进行推广

在电商、外卖等重点在于营销的平台上,通过短视频内容,可以让用户更真实地感受产品和服务,因而很多商家和企业都选择了通过短视频或直播的形式来进行宣传推广。本节就以淘宝、京东和美团外卖为例介绍如何进行短视频的运营推广,以便运营者在宣传短视频的同时提升销量和品牌形象。

6.4.1 淘宝

淘宝作为一个发展较早、用户众多的网购零售平台，每天至少都有几千万名固定访客。可见，在用户流量方面，是有着巨大优势的。利用这一优势进行短视频的推广和产品、品牌宣传，其效果同样惊人。

在淘宝平台上，用户浏览短视频内容的入口也比较多。其中，主要的有两个，即"逛逛"和商品"宝贝"界面。运营者可通过这些入口进行短视频推广。

1. "逛逛"界面

运营者进入手机淘宝平台，点击界面底部工具栏中的"逛逛"按钮，即可进入"逛逛"界面，该界面上有很多分类，除了"关注""发现"，还有"穿搭""家居""彩妆""美食""萌宠"等具体类别。这些领域的淘宝账号都或多或少地发布了短视频内容。运营者发布的与产品和品牌相关的短视频内容，完全可以通过这个渠道获得推广，让有着众多用户的淘宝平台上的更多用户关注到。图6-12所示为手机淘宝平台中的"逛逛"界面和其中的短视频。

图6-12　手机淘宝平台中的"逛逛"界面和其中的短视频

2. 商品"宝贝"界面

一般来说，在淘宝平台选择某一商品，进入该商品的"宝贝"界面，在上方的宝贝展示中显示了两种内容形式，即"视频"和"图片"。

在这两种形式中，视频相对于图片来说，商品介绍明显更生动、具体，更容易让用户了解。特别是关于商品功能、用法等方面的内容，犹如面对面教学，一步步告诉你功能是什么和如何使用该商品。图6-13所示为一款办公家居产品的"宝贝"详情界面的短视频介绍。

与"逛逛"界面的短视频内容一样，运营者可以把一些优质的介绍商品的短视频推广到"宝贝"详情界面上，供用户观看和了解商品。这不仅有利于短视频的推广，同时也是商家和企业进行营销时想要快速实现营销目标的必然选择。

图 6-13　"宝贝"详情界面的短视频介绍

6.4.2　京东

京东是我国一家数一数二的电商平台，京东旗下拥有京东商城、京东金融、京东云等产品品牌。在传统电商领域，京东商城拥有很高的行业地位，在粉丝经济时代，京东为寻求更好的发展，推出了各种形式的运营策略和功能，利用短视频进行产品和品牌宣传就是其中之一。

与淘宝一样，京东平台上的短视频入口也有很多，主要的推广入口有两个，即"发现"界面和"商品"详情界面。

1. "发现"界面

打开手机京东，点击界面底部工具栏中的"发现"按钮，进入"发现"界面，默认显示"推荐"选项卡中的内容，在该选项卡中就显示了商家上传的各种短视频内容，如图 6-14 所示。浏览这些商品内容，发现都是介绍产品的功能、特点或其他与产品相关的知识的。可见，京东商家可以通过推广短视频来推动产品、品牌的营销。

图 6-14　"发现"界面中的短视频

2.“商品”详情界面

运营者搜索和查看某一商品，有时会发现在其“商品”详情界面也显示了关于商品的图片和视频内容，其中，视频标志出现在下方中间位置，还显示了视频时长，如图6-15所示。

只要点击即可进行观看，且在视频播放界面还有一个分享按钮，如图6-16所示，用于分享和推广短视频。运营者可以将上传到京东商城上的商品短视频内容分享给微信好友和分享到朋友圈、QQ好友、QQ空间、新浪微博等，另外，还可以通过复制链接的方式在其他平台上分享短视频内容，如图6-17所示。

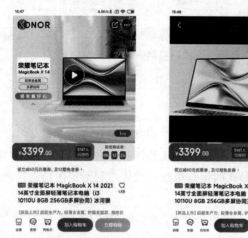

图6-15 “商品”界面中的短视频　　图6-16 观看商品短视频　　图6-17 分享短视频

6.4.3 美团

在各种从事营销的平台上，不仅淘宝、京东等平台可以进行短视频推广，在外卖平台上同样有短视频的身影存在，用于介绍品牌和产品。在此，以美团为例，介绍该平台上的短视频推广。

案例　餐饮企业通过短视频介绍品牌

例如“窑鸡王”餐饮品牌，就在其于美团外卖平台的某一店铺的“商家”界面进行短视频推广，点击“品牌故事”文字，进入相应界面，即可观看其短视频内容，如图6-18所示。

该短视频内容围绕产品的特点——“鲜香嫩滑”进行讲述，并充分利用短视频的便利性，随着视频中人物动作的展开，让读者能充分感受产品的这一特色。

课堂讨论：你平时使用各种营销平台进行购物时，会主动观看产品的宣传短视频吗？通过短视频进行营销推广的优势是什么？

图 6-18　"商品"详情界面中的短视频

6.5　通过平台内购买流量推广

以上介绍的社交平台推广、资讯平台推广和营销平台推广，大多数都属于免费的营销推广。除此之外，在各短视频平台中还为用户提供了付费的流量推广。用户支付一定的费用，短视频平台就会将你的短视频推荐给更多的用户，从而为短视频带来流量。

6.5.1　抖音付费推广

庞大的流量背后是巨大的商业价值，随着短视频的火爆，抖音营销推广这些年也被炒得沸沸扬扬。抖音平台中的付费推广形式主要有 3 种，分别是"DOU+"推广、信息流广告和开屏广告。

1."DOU+"推广

"DOU+"是抖音平台推出的一种付费推广方式，通过"DOU+"进行付费推广，通过抖音获取更多的流量。

一般来说，在短视频热度下降、出现颓势的时候通过"DOU+"进行付费推广，可以维持新视频作品的热度。"DOU+"也比较人性化、平民化，可以对"DOU+"的投放时间、投放群体、投放金额进行设置。

可以为自己发布的短视频进行"DOU+"推广，也可以帮别人发布的短视频进行"DOU+"推广。在抖音平台中浏览需要进行"DOU+"推广的短视频，点击右下角的"分享"图标，如图 6-19 所示。在界面底部弹出分享的相关选项，点击"帮上热门"图标，如图 6-20 所示，即可进入"DOU+"推广界面，默认进入"速推版"设置界面，可以对推广选项进行简单的设置，如图 6-21 所示。

图 6-19 点击"分享"图标 图 6-20 显示分享相关选项 图 6-21 "速推版"设置界面

在"DOU+"推广界面顶部点击"定向版"文字，可以切换到"定向版"推广选项设置界面中，在"定向版"推广中为用户提供了更为丰富的推广设置选项，如图6-22所示，帮助用户实现更加具有针对性的流量推广。

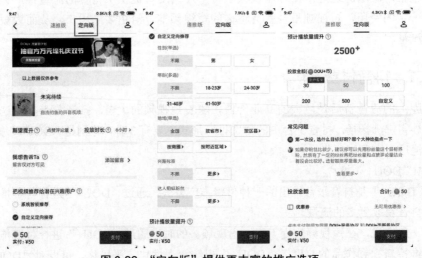

图 6-22 "定向版"提供更丰富的推广选项

2. 抖音信息流广告

短视频信息流广告即在抖音短视频中出现的广告，其展现在抖音短视频中，可以为跳转的链接。客户在抖音短视频平台看到广告或点击广告从而产生费用。一般信息流广告的投放方式为 CPM（按千次展现计费，用户只要看到广告，就算作一次展现，广告在 24 小时内出现多次也只收取一次费用）。图 6-23 所示为某二手车平台在抖音平台投放的信息流广告。

图 6-23　某二手车平台在抖音平台投放的信息流广告

3. 抖音开屏广告

抖音开屏广告的曝光量巨大，广告位置佳，开屏广告按 CPT 方式计费，广告投放费用比较高。广告样式分为：静态 3 秒、动态 4 秒、视频 5 秒。售卖方式：CPT（按时间、地点售卖，价格不一样）。

6.5.2　快手付费推广

快手的付费推广方式主要有两种，分别为短视频购买推广和直播付费涨粉。使用这两种方式进行推广的时候不需要支付太多的费用，也没有必须要花多少钱的限制，符合最低标准即可看到涨粉效果。

1. 快手短视频付费推广

快手短视频是采用叠加推荐机制的，短视频在主页出现的频率越高、停留时间越久，就能被越多的用户看到，涨粉效果肯定比获得推荐之前要强很多。

点击快手 App 界面左上角的"菜单"图标，在界面中显示侧边菜单，在侧边菜单的底部点击"设置"图标，如图 6-24 所示。切换到设置选项界面，找到"快手粉条"选项，点击该选项，如图 6-25 所示。即可进入"快手粉条"界面，在该界面中可以为自己发布的短视频购买推广，同时也可以为好友的短视频购买推广，如图 6-26 所示。

选择需要购买推广的短视频，点击"立即上热门"按钮，切换到"超级加热"界面，可以对付费推广的相关选项进行设置，如图 6-27 所示。

🔖 **小贴士**：投放时长可选择 1 小时、2 小时、6 小时、12 小时及 24 小时，投放时间太长，会错过助推的黄金时间段。建议选择适合的投放时长，6 小时或者 12 小时最佳。"定向条件"中可以根据自己的目标用户特征选择"智能优选""自定义用户特征"或者"指定达人 / 行业相似粉丝"进行推广，对目标用户的特征进行设置可以获得更精准的粉丝。

图 6-24　点击"设置"
图标

图 6-25　点击
"快手粉条"

图 6-26　选择推广
视频

图 6-27　设置推广
选项

2. 直播推广

相比短视频付费推广，选择直播付费推广的运营者比较少，因为费用相对较高，且没有像短视频推广那样有那么多的可选项。出价越高，能够获得的直播间用户数就越多，至于能不能将其变成自己的粉丝，就要看运营者的能力了。

进入快手 APP 中的"快手粉条"界面，点击"直播推广"图标，如图 6-28 所示。进入"直播推广"界面，可能开启"直播时自动开启推广"功能，如图 6-29 所示，即可对直播推广的相关选项进行设置，如图 6-30 所示。

图 6-28　点击"直播推广"
图标

图 6-29　"直播推广"
界面

图 6-30　设置直播推广选项

小贴士：其他的短视频平台同样也包含了类似抖音平台的"DOU+"推广或快手平台的"快手粉条"付费推广功能。例如小红书平台中的"薯条推广"功能，其操作方法与前面介绍的两个平台的付费推广方法类似，这里不再做过多的介绍，感兴趣的读者可以自己尝试。

6.6　短视频营销推广技巧

在进行营销推广时，运营者需要明确的是，如何让资源利用率最大化，从而实现投资的有效回收。有些企业和商家觉得只要拍好视频，然后随意推广出去，一切就胜利在望了，其实这是不现实的。

第一，推广出去有没有人关注，这是关键；第二，推广有没有针对目标人群，还是单纯广撒网，全然不顾资源有没有充分利用，这是痛点。企业如果没有考虑好这两个问题就开始通过短视频进行营销，那么一定不会达到理想效果。

本节将通过介绍五种典型的营销推广技巧，帮助实现短视频营销的盈利，并深入分析如何经营更容易获得丰厚利润。

6.6.1　5 步营销，步步为营

利用短视频进行营销，需要了解一个经典高效的运营模式，即"AISWS"模式。这种运营模式一共分为五个步骤，即注意、关注、搜索、观看、分享，下面分别介绍每个步骤对于短视频营销的重要性，如图 6-31 所示。

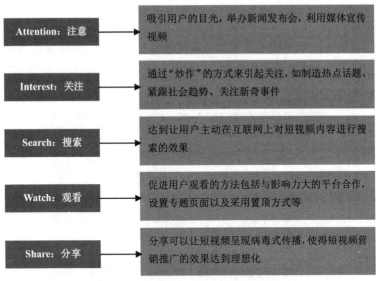

图 6-31　AISWS 运营模式的五个步骤

6.6.2　针对推广，高效营销

如何通过短视频实现高效营销呢？很简单，只要在制作好短视频后进行有针对性的推广，再结合受众的特点进行营销就可以达到理想效果。当然，在进行这两步操作之前，还需要对相关的因素进行考虑，下面将为大家进行详细分析。

1. 视频类别——不同类型分别推广

短视频的类别对于视频的推广效果而言是一个相当重要的影响因素，因为不同类别的视频产生的效果不同。如果想要使得推广方式的效果达到最佳，目标人群喜爱的程度更高，就应该根据用户的喜好来使用不同的视频类别来进行营销。

那么，不同的视频类别到底具有怎样的特点，适合宣传什么方面呢？下面将举几个视频类别的例子以供参考，如图6-32所示。

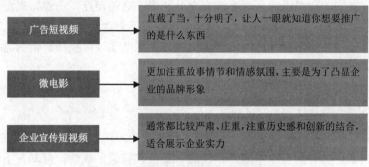

图 6-32　不同视频类别适合宣传的类型

2. 关注人群——根据共性有效宣传

在进行视频推广的时候，应该考虑不同的人喜欢浏览什么类型的平台。显而易见，我们不能随意地将视频放在不对口的平台上进行推广，这样做的成效不高。我们也不能为了图方便就在所有的平台上进行推广，这样是对资源的极度浪费。那么，究竟该怎么做呢？我们将其流程总结如图6-33所示。

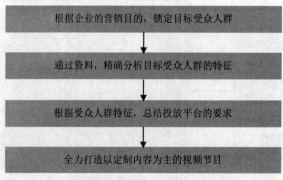

图 6-33　根据目标受众的特征进行短视频推广的流程

小贴士： 在分析目标受众的特征的时候，可以从年龄、兴趣爱好、职业、地域、消费趋向、品牌认知度、工资收入等角度进行分析，同时也要注意影响视频传播的各种因素，以便实现高效营销。

3. 推广目标——明确目的选择平台

企业在平台上投放视频的时候，最重要的就是明确自己的推广目标。要达到什么目的，就选择与之相符的平台。推广目标一般以打响品牌和提升品牌理解度为主，那么，这两个推广目标应该怎么选择平台呢？我们将其方法总结如图 6-34 所示。

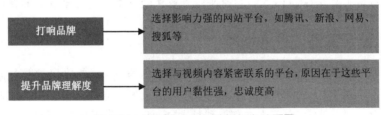

打响品牌 → 选择影响力强的网站平台，如腾讯、新浪、网易、搜狐等

提升品牌理解度 → 选择与视频内容紧密联系的平台，原因在于这些平台的用户黏性强，忠诚度高

图 6-34　不同推广目标选择平台的不同

4. 平台价值——高端品质赢得保障

平台价值的高低是以平台本身的质量为基础的，质量在这里可分为"质"和"量"来看，对于平台而言，"质"代表平台的影响力、关注度、综合环境（广告、编辑、宣传等）、专一程度；"量"一般指浏览量、点击率、转发量、收入成本、退出率等。

一般来说，只要平台的质量有保障，这个平台也就具有了投放的价值和资格，因此，平台的价值也是企业在进行高效营销时需要考虑的因素之一。

有一种简单明了的"四问法"，可以帮助企业进行视频的精准投放，也就是提四个问题，比如"谁会来看""在哪里看""要看什么"以及"会看几次"，弄清楚这几个问题，也就能够进行短视频的精准投放了。

以微信为例，它投放广告的技术就十分高超、精准。因为在用户设置账户时，它就已掌握了用户的基本信息，如年龄、性别、地域等。然后它会根据用户的这些基本信息进行定位、分析，然后在朋友圈投放相关的视频广告。这种技术有效地利用了上面提到的"四问法"，同时还对这种方法进行了创新。

案例　361°亚运赛事快反朋友圈广告投放

2018 年雅加达亚运会期间，361° 在 8 月 18 ～ 19 日、21 ～ 22 日、24 ～ 25 日分别在微信朋友圈进行了 45 秒钟大动画与 1 分 15 秒钟的品牌广告片投放。图 6-35 所示为 361° 在微信朋友圈投放的短视频广告。

图 6-35　在微信朋友圈投放的短视频广告

投放期间，品牌强势曝光，扩大了品牌影响力，同时精准触达海量潜在优质粉丝。在整个投放阶段，45 秒钟大动画与 1 分 15 秒钟品牌广告片的曝光次数共计 14 136 802 次，精准触达用户 6 335 116 人，用户平均停留 7.42 秒钟，总互动点击率达 0.77%。

6.6.3 整合营销，打通增益

在移动互联网时代，每个用户使用的移动平台都不同。根据自身的习惯和兴趣爱好，有的人喜欢用微博分享喜怒哀乐或者时事新闻、有的人喜欢用 QQ 聊天、有的人喜欢逛贴吧看帖子、有的人喜欢看视频，还有的人喜欢在豆瓣上写日记分享感受。

正是因为移动端的繁杂性和人们使用习惯及行为的不同，才导致单一的视频营销很难取得很好的效果。因此，企业必须和其他移动平台进行整合才能达到营销推广的目的。比如可以在企业的网站上开辟专区，大力吸引目标客户的关注；还可以跟主流的门户、视频网站合作，提升视频的影响力。

对于互联网与移动互联网的用户来说，线下活动和线下参与也是重要的一部分。因此，企业需要通过互联网与移动互联网上的短视频营销，整合线下的活动、线下的媒体等，进行品牌传播，使短视频的线上推广达到更加有效的效果。

案例 **双汇新产品全渠道推广**

双汇为了推广其新产品筷厨煎烤炒菜肠，与 IMS 新媒体商业集团合作，进行了全渠道的短视频推广，覆盖微博、微信、抖音、一直播 4 大平台。其中微博 7 个，微信 2 个，抖音 2 个，一直播 3 个，KOL 主要类型为美食类博主。

1. 微博推广

由微博美食类头部 KOL 进行计划性传播，引起目标用户的关注，扩大产品知名度，提高用户认知。图 6-36 所示为微博推广相关截图。

图 6-36　微博推广截图

2. 微信公众号推广

精准目标用户，针对不同用户群体选择了不同类型的 KOL 进行宣传推广。图 6-37 所示为微信公众号推广相关截图。

3. 抖音推广

作为一款新上市的产品，通过当前最受年轻用户青睐的视频产品来传播，可以有效提高产品的知名度，以轻松容易接受的传播形式来吸引首批核心目标用户。

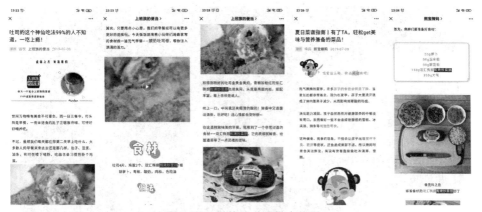

图 6-37　微信公众号推广截图

图 6-38 所示为抖音平台的相关活动话题和短视频。

图 6-38　抖音平台的相关活动话题和短视频

4. 一直播推广

作为用户黏性最高的直播平台，并通过美食类 KOL 进行产品宣传，有效提高了目标用户对产品的认知，提高了产品的认知度。

图 6-39 所示为一直播平台的相关直播推广截图。

双汇新产品的营销推广节奏呈现多平台规模化的特点，通过前期微博美食类头部 KOL 营造"神秘事件"，提高了用户对发布会的关注，并成功吸引了第一批目标群体。并通过不同类型的微信大号植入 H5，提供有针对性的宣传角度进行传播，精确目标用户，展现了产品"煎烤炒菜肠"简单、时尚、美味、安全、有营养的特点，提高了用户购买欲望。同时，以抖音和一直播的独特的传播方式扩大传播范围，形成了全方位、多角度、宽领域的营销推广矩阵。

图 6-39　一直播平台的相关直播推广

6.6.4　积极互动，吸引注意

短视频互动模式是一种比较常见的形式，其显著特点就是可以让用户与短视频中的内容展开互动。用户只需轻轻点击手机屏幕上的图标就能参与这种生动有趣的互动，而企业也可通过这种方式进行短视频营销，用新奇有趣的内容来吸引用户注意。

图 6-40 所示为一个抖音视频案例内容界面。在该界面上，从其右边的图标可以看到三个与用户进行互动的图标，即点赞、评论和转发。其中，当用户点赞后，呈白色显示的图标就会变成红色，如图 6-41 所示。

如果想要发表意见或者运营者想要查看用户发表的意见，点击评论图标即可。对评论中的部分有价值的内容，运营者还应该在右侧进行点赞并点击评论内容在弹出的窗格中进行回复。图 6-42 所示为抖音短视频内容的"评论"互动模式。

图 6-40　界面中的互动　图 6-41　点赞后图标　　　图 6-42　短视频的评论互动
　　　　　图标　　　　　　　　为红色

当然，运营者还可以通过点击"转发"图标，将自身发布的短视频内容转发到其他平台上，扩大推广范围，特别是朋友圈，从而积极与友好地就短视频进行互动。

6.6.5　效果监测，指导营销

在利用短视频进行营销的过程中，推广是很重要的组成部分，但对短视频营销效果的监测也不可忽视。下面详细分析、衡量短视频营销效果的因素。

1. 短视频播放量——大致判断营销效果

一般而言，在视频网站上观看视频都会显示一个播放多少次的具体数字，也就是固定周期内视频文件的播放次数。短视频播放量的大小决定了短视频影响力的高低，同时也影响了短视频营销效果。此外，还有不少影响短视频播放量的因素，比如内容质量、投放时间、传播平台、播放频次等。

2. 用户观看反应——准确衡量营销质量

用户在观看短视频时或观看完视频后对视频的反应，同样也是衡量视频营销效果的重要凭证，具体形式包括如图 6-43 所示的几种。

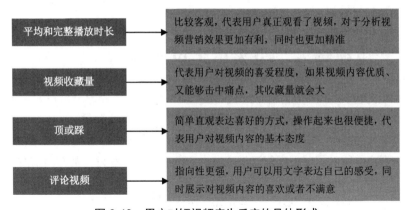

图 6-43　用户对短视频产生反应的具体形式

在分析视频评论时，需要关注两个重要因素：一是视频评论的数量；二是视频评论内容的指向。究竟是好评多，还是差评多。这两者都是衡量视频效果的重要指标，因为在用户对视频做出的评价当中，既有表示赞赏和佩服的，也有表示对内容不满的。

3. 行动影响程度——后续测量营销结果

行动影响程度是指用户在观看视频后衍生出的一系列与视频相关的行为，那么，这些行动影响程度到底包括了哪些行为呢？我们将其总结如图 6-44 所示。

同时值得注意的是，用户在看完视频后进行搜索的这种行为也受到一些要素的感染，比如品牌的影响力度加大、视频的内容足够优秀以及视频富有创意等。

4. 视频拓展效果——深度权衡营销成果

对于视频效果而言，既包括在观看过程中产生的效果，也包括在观看完视频产生的拓展效果。这种拓展效果虽然出现得不是那么及时，但它对企业的品牌、口碑树立的作用是无可替代的，主要体现在品牌的认知度、品牌好感度、购买意向以及品牌的联想度等。

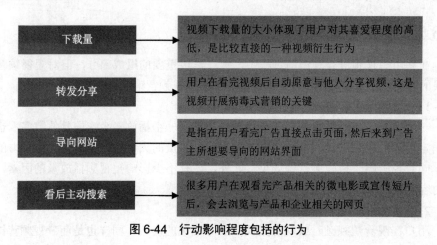

图 6-44　行动影响程度包括的行为

📌 课堂讨论：简单概括一下进行短视频营销推广都有哪些技巧？

6.7　"短视频 +"带来更多可能性

短视频的营销推广不应局限于推广短视频本身，运营者还可以拓展更多的营销方式，有更多更有趣的短视频运营方法等着我们一起发现和探寻。

随着时代的进步，技术的迅速发展，短视频的运营方法也越来越多，越来越新颖，很多概念可能闻所未闻，但它们确实在发生，甚至已经呈稳健的势头向前发展。

6.7.1　"短视频 + 电商"增加产品说服力

现在，淘宝和天猫都推出了新的营销形式，即在页面中插入关于商品介绍的短视频，让用户可以更直观地认识到商品的外观、用法与各种细节问题。很多在淘宝购物的用户都担心过商品的实物和图片是否一样，毕竟图片是可以 PS 的。可是一旦商家将商品视频上传到网页，买家就无需担心这个问题了。

无论是哪一种商家，短视频确实可以给用户带来最直观的产品演示，这一点逐渐被大家认识到。所以，现在关于产品介绍的视频也逐渐越来越多。图 6-45 所示就是淘宝中关于产品介绍的短视频。

"短视频 + 电商"的方法是短视频和电商的双重胜利，一方面有力推广了短视频的内容，另一方面为电商平台吸引了更多流量。显而易见，采用短视频展示商品的模式更加直观，更容易让消费者信服。因此，"短视频 + 电商"是一种很有前景的营销模式。

图 6-45　淘宝中关于产品介绍的短视频

6.7.2 "短视频+直播"开辟一条新思路

随着互联网科技和视频的不断向前发展，一种新型的视频方式逐渐走进人们的视野，即视频直播。作为争夺粉丝和流量的有效工具，直播不但拥有视频的直观性特征，而且互动性和即时性更强，能够有效打破时间和空间的阻碍。直播是目前较火爆的社交方式之一，同时也为企业的营销开拓了一条新的道路。

直播的优点数不胜数，不仅传统的视频网站开设了此项功能，还出现了专门的视频直播平台。从 2012 年起，视频直播就开始慢慢兴起，直到现在它还在以稳劲的势头发展着。目前，我国知名的直播平台有抖音直播、淘宝直播、京东直播等，每个视频直播平台都有自己的特色，也凭借其强大的功能吸引了不少用户的关注和喜爱。

值得注意的是，不少直播平台在发展的过程中不断扩大自己的内容、范围，不仅仅局限于直播，同时也向泛娱乐的方向发展。图 6-46 所示为不同平台的直播画面。

图 6-46　不同平台的直播画面

直播平台之所以会开辟短视频专区，是考虑到用户有时候可能会错过想看的直播内容，而且短视频更适合移动端的用户观看，碎片化的信息接收方式更受欢迎。

除了直播平台衍生的短视频板块之外，短视频平台也添加了直播的入口，这样做的目的是让流量实现最大限度地变现，同时也是为了丰富短视频平台的盈利方式。

在抖音平台的短视频界面左上角显示"直播"图标，点击该图标，即可进入到直播界面，可以随机浏览不同类型的直播，如图 6-47 所示。另外，在抖音平台中观看短视频时，如果当前的用户正在进行直播，则该用户的头像会标注"直播"文字，点击用户头像，即可观看该用户当前的直播，如图 6-48 所示。

图 6-47　进入抖音平台的直播界面　　　　图 6-48　浏览当前用户正在进行的直播

"短视频+直播"的玩法是营销变现的必然选择，同时也为两者提供了更多的好处，即将短视频和直播的优势合二为一，达到双倍的营销效果。

6.7.3　"短视频＋跨界"整合各类优质资源

"短视频＋跨界"的方法是短视频平台兴起后较为新颖的运营方法，优势是整合平台资源，实现线上线下的品牌推广和营销。

案例　光大银行信用卡与抖音短视频跨界合作

现在的年轻消费者越来越偏重娱乐享受，也喜欢尝试炫酷、潮流的事物，所以有特色的景点和店铺就成为他们的打卡胜地。

光大银行信用卡很敏锐地洞察了这一点，携手抖音短视频平台，突破单向采买关系，以"联名＋IP 授权"的方式进行合作，推出"刷出美好生活"为主题的联名信用卡。加深用户对光大银行的理解，实现了平台与银行的共赢共创。

同时，光大银行还在抖音短视频平台上发起了"这是什么宝藏卡"的主题活动，用户可以在抖音平台上传结合联名卡的短视频，这些活动很好地宣传了光大银行信用卡，引起了很大的关注。

图 6-49 所示为"这是什么宝藏卡"的主题活动的相关短视频。

图 6-49 "这是什么宝藏卡"的主题活动的相关短视频

6.7.4 "短视频 +H5"完美展示自身形象

"H5"即 HTML 5,也指一切用 HTML 5 语言制作而成的数字产品。通俗点说,就相当于移动端的 PPT,常用于微信中。

而"短视频 +H5"的方法也是"H5"本身的特质之一,由于短视频与图片文字不同——它不能够随意造假,相对而言是一个比较真实的展示企业信息的媒介。因此,如果"短视频 +H5"营销能具备以下几个特征,就能够吸引顾客的目光,从而使其深入了解企业的内涵,对企业的方方面面有比较直接的了解,如图 6-50 所示。

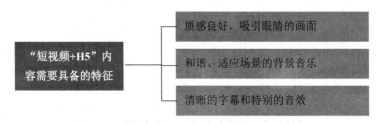

图 6-50 "短视频 +H5"内容需要具备的特征

没有一个企业是不想向顾客充分展示自己的完美形象的,因此他们可通过"短视频 +H5"的方式对产品、服务进行介绍。这样的效果更具说服力,能够使得顾客更加相信企业,从而有力地推动产品的销售。

视频互动主要是通过在 H5 页面中植入短视频,借此来实现在宣传产品的同时更好地与用户互动。

案例 哈尔滨啤酒通过"啤酒新说唱"H5进行推广宣传

品牌结合"中国新说唱"大势,与美系潮牌 PONY 合作联名产品,需求策划制作"啤酒新说唱 H5"，以答题获奖方式吸引用户参与。根据客户需求，结合目标消费者的洞察，策划制作并开发测试该 H5，同时接洽艺人 3Bangz 助力参与音频录制，以与 Battle 满舒克《浪得冒泡》吸引用户与品牌进行互动，送出联名合作球鞋。期间在品牌双微上配合，引发全网关注并且参与 H5。扩大品牌声量及影响力，促进产品销量上升。

图 6-51 所示为啤酒新说唱 H5 界面。

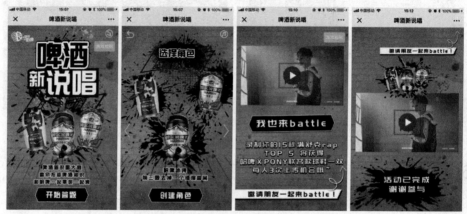

图 6-51　啤酒新说唱 H5 界面

在创意上，炫酷的说唱 MV 视频，吸引眼球，曝光品牌。在策划上，用"H5+TVC"视频的技术实现，其中 H5 负责"交互＋静态"展现，TVC 视频负责动态炫酷展现。截止 H5 活动结束（2018 年 09 月 12 ～ 2018 年 10 月 12 日），日均页面浏览量达到 18 721 次，日均独立访客数 3038 人；上线当天页面浏览量超过 10 000 次。

6.7.5　"短视频＋自媒体"名利双收，一举多得

短视频自媒体一方面获得了关注和热点，另一方面又赢得了利益和金钱，可谓名利双收。短视频自媒体的发展，得益于其与生俱来的优势：一是相对于图文形式的内容而言，视频内容更加直观，也更富有生动性；二是因为视频内容接地气，让观众更容易接受。

当然，因为短视频自媒体门槛的降低，内容的日渐生活化，各种为大众提供展示的平台也慢慢成长起来。短视频自媒体比较著名的当属以搞笑幽默为特色的"陈翔六点半"、以治愈温暖为主题的"日食记"，以及专注于介绍电影的谷阿莫。图 6-52 所示为"日食记"在微博上发布的短视频内容。

从互动情况来看，"日食记"的短视频赢得了不少用户的喜爱，引起了热烈的讨论，究竟是什么原因使得短视频自媒体这样火热呢？我们将原因总结如图 6-53 所示。

课堂讨论：除了以上所介绍的 5 种"短视频＋"的表现形式之外，还有没有其他的表现形式呢？

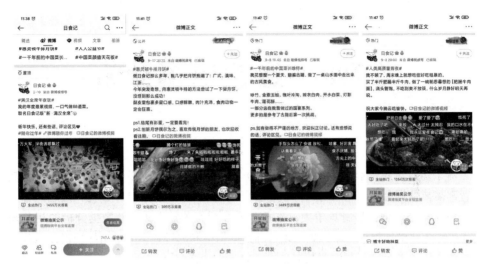

图 6-52 "日食记"在微博上发布的短视频内容

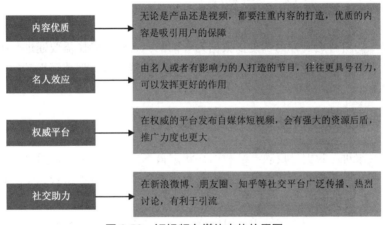

图 6-53 短视频自媒体火热的原因

6.8 本章小结

　　成功的短视频，不仅要有优质的短视频内容，还需要有高人气的推广平台和高效的营销推广策略。完成本章内容的学习，需要能够对短视频推广渠道有所了解，理解每种推广渠道的特点，并且掌握短视频营销推广的方法和技巧。

第7章　运营数据分析

对于运营来说，有一项必须修炼的功夫就是数据分析，不论做微信、微博还是抖音都需要数据分析。通过对运营账号后台数据进行统计分析，不断优化选题内容，提升粉丝黏性，增强自身竞争力。本章主要介绍有关短视频运营数据分析的相关知识，包括运营数据指标、详解短视频基础数据指标和通过数据分析指导短视频运营，同时还介绍了多个短视频运营数据分析工具。

7.1　理解短视频运营数据

短视频的所有运营行为都是以数据为导向的。运营者除了需要通过数据持续了解播放量、点赞量、转发量外，还需要观测后续数据发展，调整短视频的内容、发布时间和发布频率，逐步提升短视频的平台流量。

7.1.1　什么是运营数据

从广义来讲，数据是反映产品和用户状态最真实的一种方式，通过数据指导运营决策，驱动业务增长。在产品运营的整个生命周期中，数据运营属于一种技能，通过数据分析发现并解决问题，提升效率，促进增长。

数据包含在运营的各个环节，所以成功的运营一定是基于数据的。在运营的各个环节，都需要以数据为基础。当我们养成以数据为导向的习惯之后，做运营就有了依据，不再是凭经验盲目运作，而是有的放矢。

当我们有了足够的数据之后，我们可以不再依赖主观判断，而让数据成为裁判。在理想情况下，如果我们能够追踪一切数据，那么我们所有的决策都可以理所当然地基于数据。

7.1.2　运营数据分析的目的

做短视频的根本目的不是涨粉和迎合市场，最终的目的是获得客户和变现。为什么一定要强调这个问题呢？因为很多做短视频的人，往往在运营当中为了获取用户的关注，而迎合用户的喜好，渐渐远离自己最初的目的。

也许很多人都没有意识到，早在做短视频账号定位的时候，就需要做数据分析了。

1. 寻找目标用户（对的人）

在短视频账号定位之初，我们就要对目标用户进行调查和分析。

哪个年龄段的用户最有可能成为我们的忠实用户？他们在哪个城市？收入水平是什么样的？有什么爱好？对我们的产品有什么样的需求？有什么和产品相关的痛点……

通过这些，能分析出大多数人用户的共性。

2. 寻找合适的时间（对的时间）

在对用户进行分析的时候，其实已经开始分析用户的活动时间了，他们平常在哪个时间段不太忙，而有时间刷短视频，这个时间就是我们短视频账号活跃的时候。

除此之外，在运营的过程中，也会根据发布过的短视频的数据进行分析，看看潜在用户的活跃时间，看看所发布的短视频在哪个时间段获得的推荐和流量最好，然后根据这些数据，寻找到更加合适的时间。

3. 寻找合适的方式（对的方式）

确定了目标用户和合适的发布时间，接下来就该考虑以什么样的方式出现在目标用户的眼前，吸引他们的目光。

盲目地尝试耗费时间和精力，使用数据分析的方法，能够让你非常省心。大家都清楚抖音的算法和推荐机制——通过标签来帮助账号推荐内容给目标用户。

那就应该通过对短视频的数据分析，及时调整内容的方向，优化短视频的标签，生产出更符合目标用户需求的内容。

4. 变现的路径

短视频的内容生产者要抓住机遇，根据自己的特长和专业来开拓自己的变现之路。例如高颜值的人可以利用广告植入来变现，一些美妆或服装达人可以加入淘宝链接或在橱窗里展示自己的产品，一些实用的知识技能类账号可以做知识付费节目或线下变现等。另外，视频、直播甚至个人标签等都可以作为展示商品或引流的途径。

那么，到底如何找到适合自己的变现方式呢？我们可以从以下 3 个方向去考虑。

（1）从人群的需求角度考虑。首先可以研究一下你的粉丝人群，了解他们为什么关注你，想从你这里获得什么，你有什么可以满足他们的。例如有些常为粉丝分享美妆知识的美妆类账号，其粉丝群体多是年轻的女孩，她们之所以关注这些账号，是想在这方面有所提高，那她们必然会用到相关的产品，因此可以从这个角度来考虑变现。

（2）从行业领域的角度考虑。我们还可以从自己定位的行业领域出发，看看这个领域里有哪些相关的产品可以变现。粉丝之所以关注你，是因为对你擅长的这个领域里的经验、技巧和内容感兴趣，因此你可以结合粉丝的需求，做一些与自身领域相关的产品，从而实现变现。

（3）从产品本身的角度考虑。假如你在短视频平台上有卖得比较好的产品，那就可以根据这个产品做相应的延伸，寻找与之互补、配套的相关产品，并根据测试结果来看效果。如果效果还不错，可以延续这个方向，一点点去搭配和筛选。这样做可以降低成本，不会有太大的风险。

总之，短视频平台目前为各位内容创作者提供了广阔的变现空间，各位达人可以根据自己的优势，针对自己的用户群体，找出属于自己的变现之路。

7.1.3 关键数据指标

在短视频运营中，数据分析是不可或缺的环节，所有运营行为的分析和优化都建立在数据的基础上。以下几组数据是短视频运营者需要关注的。

1. 固有数据

固有数据指发布时间、视频时长、发布渠道等与视频发布相关的数据。

2. 基础数据

短视频运营分析的基础数据包括播放量、评论量、点赞量、转发量、收藏量几方面。一条短视频好不好通过这几个指标基本上就可以判断出来。图 7-1 所示为短视频运营的基础数据说明。

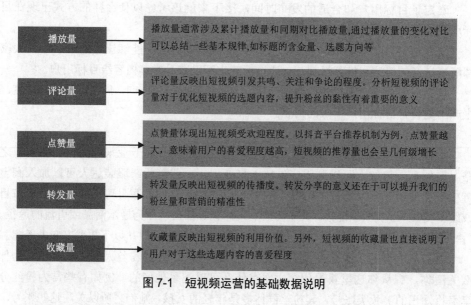

图 7-1　短视频运营的基础数据说明

3. 关键比率

视频的基础数据是变化浮动的，但比率是有规律的。这些比率是分析数据的关键指标，是进行选题调整和内容改进的重要依据。图 7-2 所示为短视频运营的关键比率数据说明。

4. 数据分析维度

进行短视频数据分析，不仅要分析自己的视频数据，还要分析同行的视频数据、榜单视频数据，各维度比对可从宏观和微观角度把握趋势和内容方向。

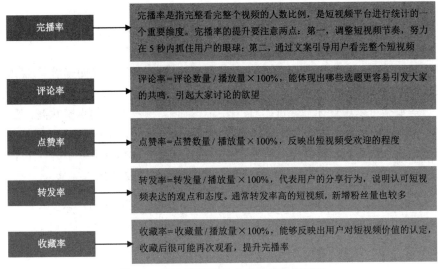

图 7-2 短视频运营的关键比率数据说明

7.1.4 运营数据分析的作用

数据是运营的灵魂，所有的运营都建立在数据分析的基础之上。对于短视频运营者来说，数据分析有什么意义呢？

1. 数据指导内容方向

优质内容的产出和运营，是短视频流量增长的关键。当然，这是一个精细策划、持续优化的过程，需要依托数据的反馈来不断改进。

（1）用数据指导初期内容方向。在创作初期，团队对市场和选题的了解不够充分，需要借助数据来指导内容方向。初期经过内容用户定位、竞品分析后，选取资源较充足的选题，按照最小化启动原则，不断根据播放量、点赞量、转发量等数据的对比来统计短视频的受欢迎程度，持续调整内容方向。

（2）用数据指导中后期内容运营。内容方向稳定下来后，数据的意义就更加重要了。运营者需要通过和竞品数据的对比，以及自己账号几个维度的数据分析，来改进选题，提升流量，增加粉丝黏性。

2. 数据指导发布时间

（1）发布时段。短视频的发布频率和时间也是短视频运营的关键环节。每个平台都有自己的观看流量高峰，高峰时段和推荐机制的差异单靠人工去判断，工作量很大，准确率不够高，运用工具可以大大提升效率。找出各个平台的流量高峰规律后，尽量选择在流量高峰时间段发布，让自己的内容获得更好的曝光量。

（2）发布频率。形成固定的发布频率，可以培养用户的观看习惯，增加用户黏性。最佳的更新频率是每日更新或隔天更新。有一些作品的生产周期比较长，可能一周才能完成一个，此时可选择每周更新。

3. 用数据调整视频内容

用数据来指导内容策划是一件非常科学也很省心的事情，通过数据来一次次地优化内容，用户会越来越喜欢你的内容。

比如在抖音，所有的数据参数对推荐量和播放量都有影响，比如完播率、点赞数、转发数、评论数。

这些数据可以进行仔细分析比对，比如一周内，哪些视频的点赞数高、哪些转发高、哪些评论高。然后对排在前 10 位的视频进行分析，总结特点。

每个平台都有自己的数据，通过视频的数据和用户的数据可以了解各个平台的一些特性，帮助内容团队去总结一些特点，在内容策划中放进去。

课堂讨论：简单说说你在浏览短视频时通常会关注短视频的哪些数据？短视频运营的关键数据指标都有哪些？

7.2 详解短视频基础数据指标

在短视频运营中数据分析是非常必要的一环，运营人员想要在激烈的行业竞争中脱颖而出，让短视频内容得到更多用户的喜爱，就要借助大数据分析模式，加强短视频内容和用户喜好之间的贴合度。

7.2.1 短视频播放量

播放量是分析短视频时最直观的数据了。一个短视频好不好，播放量可以直接说明。短视频的播放量意味着内容的曝光量，也就是说我们可以估计有多少人看到了这个短视频。一些传媒制作机构在收取广告费的时候也会着重考虑播放量，播放量高收取的广告费自然就高，比如每年的春晚赞助广告，广告费高达数亿元，就是因为春晚这个节目能够覆盖到全球几十亿的用户，企业产品可以在短期内实现几亿次的曝光量，所以广告费比较贵。

同理，我们做短视频，尤其是那些做短视频自媒体的内容创业者们，在分析短视频数据的时候也一定会分析视频的播放量数据。当然，难道说分析短视频的播放量就只是看看播放数据而已吗？

答案显然不是。对于做短视频运营的人来说，我们对于视频播放量的分析绝不仅仅就是看看播放数据，而要通过分析播放量高的短视频找到共同的规律。规律是不以人的意志为转移的。找到了规律就意味着找到了成功的大门。比如通过收集前100 个播放量高的短视频，分析短视频的选题内容、短视频的标题关键词，可以知道用户对哪些选题内容比较关心，标题多少个字最好，标题中有哪些关键词的短视频推荐量比较大。这些都可以通过短视频播放可以发现，这些通过数据分析发现的规律可靠性更高，对指导我们日后的工作有着重要的参考价值。

7.2.2　短视频点赞量

经常刷短视频会发现这样一个现象，就是我们在刷短视频的时候，看到自己喜欢的视频会情不自禁点赞，或者有些短视频更是直接引导用户点赞。那么点赞究竟意味着什么呢？下面具体说明。

先从短视频平台来说，现在有一个流行的词语叫大数据。为什么要说大数据呢？因为现在大家都明白用户流量抢夺非常厉害，各个平台都想给有用户带来好的体验，其中之一就是利用大数据技术分析用户喜好的内容，给用户贴标签。

说到这里，很多人会疑惑，平台究竟是如何给用户贴标签的，给用户推送用户喜欢的内容的呢？其中很重要的一个就是根据用户浏览的内容，也就是平台会利用大数据技术记录并分析每个用户浏览的内容，对用户点赞、留言、收藏的内容进行分析，然后给用户贴标签，后期再给用户推送内容的时候就会直接推送上次看到的相类似的内容，吸引用户的眼球。所以很多人在做短视频的时候，都会引导用户点赞、留言评论，就是因为点赞、评论后，用户下次再打开短视频平台浏览短视频的时候，平台会直接推荐与上次点赞相类似的内容。从这个意义上看，大家也就明白用户点赞之后的意义了。

理解了这层意思之后，就容易理解做短视频运营、分析视频点赞量的意义了。另外，更重要的一点是，用户的点赞量会直接影响短视频的播放量。以抖音短视频平台推荐机制为例，短视频的点赞量越大，意味着用户的喜爱程度越高，那么短视频的推荐量也会呈现几何增长。

点赞是用户的一种赞同和奖赏行为，一般能让用户获得惊喜的反转视频或者新奇的视频，点赞率都比较高。

7.2.3　短视频评论量

新媒体的一大特色就是传播者和受众之间的双向互动性，这相较于传统的大众媒体来说，几乎是无法比拟的。用户看到视频内容后，会有自己的观点，借助视频下方的评论窗口可以直接发布自己的观点，用户的评论会直接提升用户的参与感。换句容易理解的话来说，用户评论量越多，说明越有用户关注这些内容。因此，分析短视频的评论量对于优化短视频的选题内容，提升粉丝的黏性有着重要的意义。

此外，更重要的一点是，我们要知道，短视频内容或标题只要有争议才会有用户评论，有用户评论才会有更多的人关注。这样会持续形成一个螺旋式的传播过程，以至于后边其他用户在看短视频的时候即便对短视频内容不感兴趣，但好奇心也会驱使其到用户留言区看看，或者自己也评论一下。这样一来，就会吸引众多的人来围观这个短视频，短视频的播放量也就不断得到提升。

7.2.4　短视频转发量

新媒体还有一个显著的特色就是分享，也就是我们常说的转发。用户看到好的短视频内容之后会情不自禁地去转发这条视频，分享给身边的亲朋好友，这样视频就会形成裂变式的传播效果。用户的分享、转发对于提升我们的短视频播放量有着非常重要的影响。

另外，转发分享的意义还在于，可以为我们吸引更多精准的粉丝。对于一些如社交电商或者线上销售的行业来说，转发分享可以为我们带来更多精准的粉丝，提升我们的粉丝量和营销的精准性。从长期来看，对于我们的粉丝转化效果也非常不错。

7.2.5　短视频收藏量

短视频运营需要不断做选题规划，写短视频拍摄脚本，可是又经常苦恼自己煞费苦心制作出来的短视频，并没有得到平台和用户的喜爱，于是做短视频运营感觉特别累。

其实如果做好数据分析就会明白很多，这里要说的就是我们的短视频收藏量。尤其是做一些教程类的短视频，用户的收藏说明你的短视频对他有一定的价值和意义，收藏短视频的意义在于可以让自己以后再看的时候可以随时看。

另外，视频的收藏量也直接说明了用户对于这些选题内容的喜爱程度，对于规划我们的短视频选题内容也有很高的参考价值和意义。所以，那些还在为短视频选题苦恼的创作者，应该多去自己的账号后台看看短视频的收藏量，参考短视频的收藏量规划短视频选题内容。

✎ **课堂讨论**：短视频运营的 5 个基础数据指标分别是什么？通过每个基础数据指标能够发现短视频的哪些问题？

7.3　如何通过数据分析来指导短视频运营

很多刚接触短视频运营的人，将短视频上传到全网渠道后，根据短视频产生的一些数据，不知道看哪些，更不知道怎么看。本节将主要向大家介绍如何用数据来指导运营。

7.3.1　短视频模式的转变

传统的视频模式主要以创作思维为主，内容和形式相对来说比较稳定，创新较少，而且变现的方式也比较简单。

而短视频因为它时间短，让内容创作者绞尽脑汁地思考如何在短短的时间里抓住用户的眼球，这在一定程度上提高了视频的创作维度，需要不断创新。当内容发布后，所有的结果都是以播放数据为导向的，数据质量要求较高，而且变现方式也多元化。

7.3.2　初期使用数据来指导内容方向

短视频团队在初期的时候可以用数据来指导内容方向。在前面的内容中讲过，初期选择短视频内容创作方向时，要尽量挑选自己喜欢的或者擅长的内容，因为喜欢才能做得长久，才能持续不断地生产出优质的内容。

例如你喜欢做饭，那就做美食类的短视频，当然刚开始挑你会做的，拍几条短视频发布到生视频平台，对所发布的短视频的数据进行分析，前期重点关注短视频的播放量和点赞数这两个基础数据。

初期的时候可以通过这两个基础数据去判断用户到底喜欢你所发布的哪些美食的视频，它到底有什么特点？比如你所发布的短视频中有两个大菜的制作，有两个快手菜的制作，4 条短视频上线后，对这 4 条短视频的数据进行分析。分析之后，一定可以总结出一些特点，然后在拍摄和制作第 5 条短视频的时候，就可以根据总结的特点去优化内容策划和拍摄了。这样慢慢积累，短视频内容创作的方向就会越来越清晰，什么样的美食制作吸引人？什么样的拍摄吸引人？什么样的包装吸引人？

7.3.3　通过数据指导运营

短视频上线后的运营工作是千头万绪的，而且整个过程也是精细化地在进行，怎么通过数据来指导我们的运营工作呢？

1. 通过数据指导短视频的发布时间

每个短视频平台都会有自己的流量高峰时间，怎样能在流量高峰时间段里让自己的内容获取更好的曝光量，这一点非常重要。所以，对于不同的短视频平台，在刚开始可以通过人工的方式去尝试和记录一些数据。

像腾讯、爱奇艺这样的视频媒体平台，可以先通过人工的方式去观察平台的数据增长曲线，例如像腾讯这样的平台可能刚发布的时候，并不能马上获得较高的播放量，这样的平台可能一周下来才可能看到他的一个数据增长情况。

短视频平台的数据增长量通常是短视频内容发布后的 24 小时之内，过了这个时间点数据量不会再有很明显的增长。可以尝试在不同的时间段去发布短视频，看一下哪个时间段能够获得较高的推荐量和播放量。

2. 用数据来选择运营的重点

对于一个运营团队来说，一定要清楚地知道需要将运营的重点放在什么地方，特别是对于人力不是很充足的运营团队来说。

前期可以将所创作的短视频投放在多个平台上，接下来可以每天观察所发布的短视频在每个平台上的数据表现，如果持续在一些平台表现良好，那么运营团队就应该把运营力量更多地放在该平台。对某一个平台进行精细化地运营，一直到摸索到在这个平台发布和获得高流量的一些方法才进入稳定运营期。

　　　小贴士：刚开始对短视频账号进行运营时，如果运营力量足够，可以把所有的平台先铺上，然后通过数据来判断哪些平台重点运营，哪些平台次运营，哪些平台只要发布就好，哪些平台放弃，这个时候你就可能需要一些数据化的工具了。

7.3.4 用数据指导视频内容

通过数据分析来一次次对短视频内容进行优化，短视频的内容就会越来越被用户喜欢，用户也会因为喜欢而在观看短视频的过程中去点赞、评论、转发等。

对投放到短视频平台的短视频数据进行分析，所得到的数据参数对于短视频的推荐量和播放量都是有影响的，比如收藏数、转发数、评论数、播放完成率、退出率、播放时长。如果能够提高以上单个参数的数据质量，短视频的播放量一定会有所提升。

建议以周或月为时间段，将短视频的数据导出来进行仔细分析，比如一周或一个月内，哪些短视频的收藏数高、哪些转发高、哪些评论高。然后对排在前 10 位的短视频进行分析，这些收藏数高的短视频都有什么特点。

案例 生活技巧类短视频互动数据分析

图 7-3 所示为一系列生活技巧类短视频在一个月内的数据统计，包括了推荐量、播放量、评论量、收藏量和转发量。

序号	标题	推荐量	播放量	评论量	收藏量	转发量
1	iPhone手机这13个意想不到的隐藏小功能，让你大吃一惊！	3322154	539690	235	13492	9582
2	夏天怎样快速消灭蚊子？这5招让蚊子不敢再咬你	2116967	447363	42	12787	11729
3	花式鞋带的7种系法，如此炫酷你见过吗？	1129007	80760	40	11941	2730
4	教你1招，夏天被蚊虫咬后迅速止痒，管用！	5320733	765483	45	9073	8794
5	想要快速提高记忆力？一个口香糖竟然就可以搞定！	540773	69843	30	5885	844
6	教你1招小魔术：一块钱秒变一百块	1095851	162954	62	5465	1785
7	帆布鞋总变黄？这个妙招让它瞬间变白	1408892	142652	58	4675	853
8	你知道5角人民币还是神器吗？	1226458	205581	85	4396	739
9	10秒学会简单的小魔术：苹果手机变出硬币	851821	195898	62	3820	715
10	不花一分钱就能使皮肤变白的竟然是它！你一定不知道！	696527	238903	30	3128	950
11	不花一分钱的手机支架，一学就会！	573820	63781	26	1649	624
12	风油精竟然还有这样的用处，你一定不知道！	643018	92836	6	1582	690
13	这样吃洋葱会让你更年轻，不信你试试！	186705	67219	7	1525	792
14	技能之情书的折法	178233	13120	11	1279	88
15	指甲油除了不让丝袜破，还有更逆天的妙用	727786	109588	38	1147	245
16	1杯水竟然可以辨别出真假蜂蜜，真是涨知识	210455	24382	12	1100	644
17	五彩相框DIY，洗出的照片有地方摆了！	138909	8190	9	1075	138
18	夏季各种的高格调吃法来了，简直好吃到爆！	344354	34798	6	1048	371
19	黄瓜竟然还可以这么吃？你一定不知道！	477419	57325	19	984	478
20	30秒叠餐巾，终于可以高格调吃西餐了！	222384	22898	9	904	103

图 7-3 生活技巧类短视频一个月的数据统计

通过对统计数据的分析，可以发现收藏量高的短视频都具有以下一些特点。

（1）实用点非常多，比如"iPhone 手机这 13 个意想不到的隐藏小功能，让你大吃一惊"，不是 3 个，而是 13 个。

（2）内容丰富，比如在某条短视频中贴出一些电脑快捷键，单条短视频的收藏量极高。

（3）内容很实用，但是短视频节奏很快，可以提高收藏量。

（4）内容非常实用，用户怕忘记，所以需要收藏。

通过对统计数据的分析，可以发现转发量高的短视频都具有以下一些特点。

（1）内容非常实用。

（2）内容非常酷炫。

（3）内容实用并且紧跟当下热点，转发量就会很高。

（4）用户觉得短视频内容对他的朋友会有非常大的帮助，就会主动进行转发。

通过对统计数据的分析，可以发现评论量高的短视频都具有以下一些特点。

（1）内容紧跟当下热点。

（2）短视频内容注重用户的参与和互动。

（3）短视频内容有槽点可聊。

以上是针对生活技巧类短视频所做的互动数据分析，短视频类型不同，所具有的特点也会有所不同，但是数据分析的方法都是通用的。

针对短视频的内容，重点分析的是短视频的播放完成率、退出率和平均播放时长。

播放完成率占比比较高，说明短视频的每一帧内容都比较吸引用户。通常情况下，具有故事性内容的短视频播放完成率相对会高一点，比如像一些搞笑段子类的短视频。

退出率比较高可能会有两种情况，一种是短视频内容无法吸引用户，另一种就是短视频标题与内容不符。有些账号为了博眼球为短视频起了一个夸张的标题，用户点进去发现内容与标题并不相符，用户当然会直接退出。

平均播放时长，如果一个时长约 2 分钟的短视频，平均播放时长只有 30 秒，那么就需要仔细观看并分析该短视频前 30 秒内容，为什么用户只看了一点就退出了，是不是短视频开始部分的内容不能快速吸引用户。通常情况下，出色的短视频需要在 5 秒钟内抓住用户的眼球。

每个短视频平台都会有自己的数据，通过视频的数据和用户的数据可以了解各个平台的一些特性，帮助内容团队抽取一些共性的点在内容策划时放进去。

7.4 短视频运营必备的数据分析工具

数据分析在短视频运营中至关重要。数据分析不仅可以发现账号问题，以便创作者及时作出调整。比如当遇到某个视频播放量急剧下滑时，就可以通过数据分析查出原因，然后做出相应的调整；还可以对运营策略进行指导，比如对竞争对手账号进行细致分析后，有针对性地对自己的内容进行优化，这样通过专业的分析做出的内容更能适合受众的喜好，获得更多的流量。

那么，我们应该如何对短视频进行数据分析呢？市面上又有哪些针对短视频的数据分析工具呢？

7.4.1 站内数据分析

很多短视频平台都提供了站内数据分析的功能，用于对用户在本平台的账号和短视频数据进行统计分析，使用户了解所发布的短视频的相关数据，便于根据统计数据做出相应的运营策略。

例如抖音平台推出了创作服务平台，用户可以对自己的作品、粉丝、平台互动情况进行一站式管理。而且可以随时看到自己的作品数据表现，尤其是其中的作品完播率和平均播放时长指标，对整体创作的帮助非常大。

抖音创作服务平台面向所有抖音、抖音火山版用户开放。创作者只需打开抖音官方网站（https://www.douyin.com/）即可在首页找到创作服务平台入口，进入抖音创作服务平台页面，如图 7-4 所示。

图 7-4 抖音创作服务平台界面

点击抖音创作服务平台页面右上角的"登录"文字，使用抖音扫描二维码登录，即可显示抖音创作服务后台，如图 7-5 所示。

在抖音创作服务后台，用户可以使用以下服务功能。

（1）内容管理。创作者可以对在抖音平台发布的短视频进行管理，可以了解短视频实时的审核状态，以及审核未能通过的原因。

（2）互动管理。创作者可以查看粉丝数据，查看互动数据，添加关注，删除好友，快速管理关注及粉丝列表。

（3）数据管理。该服务能够帮助创作者了解自己在抖音平台发布的短视频、直播的播放量、互动数、粉丝增长状况。此外，数据看板还能帮助创作者了解粉丝画像。这些功能可以指导用户进行更好地创作。

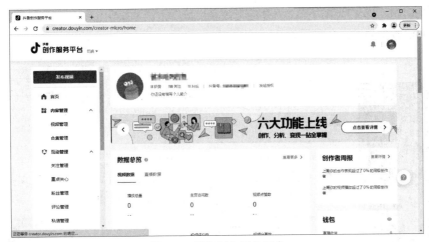

图 7-5 抖音创作服务后台

7.4.2 热浪数据

热浪数据（https://www.relangdata.com/）是短视频、直播、电商一站式数据服务平台，覆盖直播分析、电商分析、红人分析、热门素材、数据监测等板块功能，满足不同类型企业及个体的商业增长需求。图 7-6 所示为热浪数据的官网界面。

图 7-6 热浪数据的官网界面

目前，热浪数据现覆盖抖音、小红书、视频号三个社交媒体平台，通过多场景找人、多维度查获、直播监测、视频监测、账号监测及运营等功能板块，提供找号选号、账号对比、投中监测、投后追踪、内容运营创意等全链路、多维度数据分析服务。

依托平台大数据挖掘技术及平台综合分析能力，提供实时直播间排行榜、播主排行榜、商品排行榜、实时监测、数据追踪、运营管理等多维度、全场景的实用功能，帮助用户解决红人商业价值评估、直播选品、竞品分析、行业数据追踪、账号管理等常见问题、优化营销决策、提升运营效率，抢占主流社媒平台流量红利。图 7-7 所示为热浪数据的工作台界面。

图 7-7　热浪数据的工作台界面

7.4.3　飞瓜数据

飞瓜数据（https://www.feigua.cn/）是一家专业的短视频热门视频、商品及账号数据分析平台，采用大数据追踪短视频的流量趋势，为受众提供热门视频、音乐、爆款商品以及优质账号排行，帮助账号运营者完成账号内容定位、粉丝增长、粉丝画像及流量变现。是一个非常适合专业的抖音营销者和抖音代运营从业者的数据分析平台。图 7-8 所示为飞瓜数据的官网界面。

图 7-8　飞瓜数据的官网界面

此外，还有热门视频及音乐、热卖商品及带货账号，且平台可以查询包括抖音、快手、B 站、微视、秒拍等主流短视频平台的数据，功能齐全，但免费功能十分有限，大部分功能都需要收费。图 7-9 所示为飞瓜数据的工作台界面。

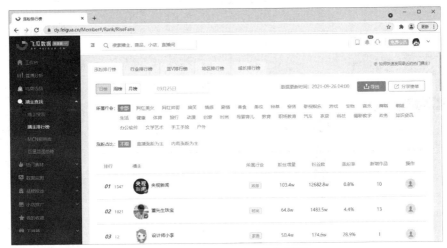

图 7-9 飞瓜数据的工作台界面

7.4.4 短鱼儿

短鱼儿（https://www.duanyuer.com/）是大数据驱动的直播短视频产业链服务商，短鱼儿为内容生产商、品牌方、商业化公司提供内容创意库，内容数据跟踪及分析、电商效果、营销效果评估及综合性解决方案，帮助企业驱动业务决策。图 7-10 所示为短鱼儿的官网界面。

图 7-10 短鱼儿的官网界面

短鱼儿的数据分析功能十分强大，改版后的界面像一个工作台，日常短视频运营会使用到以下基本功能，如新鲜资讯，各种热门视频分析、账号检测、电商数据、达人搜索、网红排行榜。图 7-11 所示为短鱼儿的工作台界面。

图 7-11　短鱼儿的工作台界面

平台内账号追踪功能可以获取每日数据报表，根据视频数据表现和粉丝数量趋势判断账号的状态，及时调整账号发布内容，制作用户喜欢的短视频；网红排行查询功能，通过抖音红人榜和粉丝榜找到最热账号，可以免费查询前 100 名账号；数据对比功能，通过竞争账号的粉丝数据及趋势对比，比较账号热点及趋势，结合其他信息计算投入产出比；电商排行榜会列出热销商品，帮助大家进行热销产品分析，这一功能对于做短视频带货的运营者十分有用。

7.4.5　新榜

新榜（https://www.newrank.cn/）是基于微信（公众号、视频号）、抖音、小红书、B 站、快手等主流内容平台，提供包括新抖、新视、新红、新站、新快在内的数据工具，为用户带来了实时热门素材、品牌声量、直播电商等全面的数据监测分析能力。作为数据驱动的内容产业服务平台，新榜发挥行业枢纽作用，连接线上线下资源，提供内容营销、电商导购、用户运营、版权分发等产品服务，服务于内容产业，以内容服务产业。图 7-12 所示为新榜的官网界面。

新榜平台的功能比较全面，是目前自媒体行业主流分析工具之一。

目前提供的免费功能主要是平台的顶级账号榜单查询功能，分为日榜、周榜和月榜，大致可以查询每个平台下面各个分类的 50 ～ 100 个顶级账号，可以在一定程度上分析受众的喜好趋势和变化，有利于后期优化自己的账号。

付费功能主要涵盖数据服务、营销增长、内容营销、版权分发等方面。比如数据监测、评论采集、快速涨粉等。图 7-13 所示为新榜的工作台界面。

图 7-12 新榜的官网界面

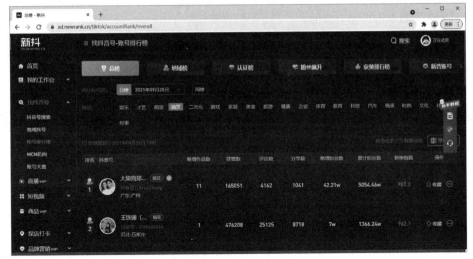

图 7-13 新榜的工作台界面

7.4.6 卡思数据

卡思数据（www.caasdata.com）是视频全网大数据开放平台，依托专业的数据挖掘与分析能力，构建多种维度的数据算法模型，为视频内容创作者在节目创作和用户运营方面提供数据支持，为广告主的广告投放提供数据参考，为内容投资提供全面客观的价值评估。监测的平台包括"抖音""快手""bilibili"等。图 7-14 所示为卡思数据的官网界面。

图 7-14　卡思数据的官网界面

卡思数据的主要功能是网红榜单查询、行业资讯、平台操作方法等，免费版的榜单查询，可以查询到前100名的网红榜单，如果需要更多高级功能，需要付费。图7-15所示为卡思数据的工作台界面。

图 7-15　卡思数据的工作台界面

卡思商业版所涵盖的功能包括：红人智选，帮助广告主进行一些网红分析；监测分析，对账号的一些数据进行分钟级的监测，实时把控数据变动；榜单查询，各短视频平台的红人榜；电商带货分析，热销商品榜和热门带货视频榜；创意洞察，分析热门视频素材。

7.4.7　Toobigdata

随着近几年短视频的大火，以抖音为代表的短视频平台发展出来眼花缭乱的方法，那么什么样的短视频受欢迎呢？在 Toobigdata 官网（https://toobigdata.com/）可以找到不错的答案。图 7-16 所示为 Toobigdata 的官网界面。

图 7-16 Toobigdata 的官网界面

Toobigdata 数据功能丰富,汇集抖音各大实用功能,如抖音网红排行、热门短视频、热门挑战、热门音乐、热门带货分析、账号诊断等,而且绝大部分的数据都是可以免费查看的。如抖音热门带货分析,在 Toobigdata 上可以免费查看到前 100 名,对于一般用户够用了,做抖音带货的朋友可以多关注一下。图 7-17 所示为在 Toobigdata 官网查看抖音带货排行榜。

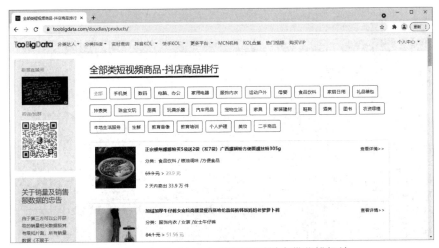

图 7-17 在 Toobigdata 官网查看抖音带货排行榜

另外还可以查询快手的 Top 网红和热门视频,免费查询到的数量会比抖音更多,对于做短视频运营者来说,Toobigdata 是绝对不可错过的好帮手。

7.4.8 小葫芦

小葫芦(https://www.xiaohulu.com/)主要做和直播相关的数据分析,如抖音、快手、斗鱼、虎牙等主流直播平台的收入榜、弹幕榜、涨粉榜、点赞榜、土豪榜，可以免费查询到的榜单数量比较多，对于一般用户够用了。图7-18所示为小葫芦官网的相关榜单。

图 7-18　小葫芦官网的相关榜单

另外小葫芦还提供一些和直播相关的小工具，如直播助手、直播互动插件、直播数据统计工具、弹幕助手、直播录制助手等，做短视频同时又做直播的用户，小葫芦是个不错的选择。图 7-19 所示为小葫芦提供的相关产品。

图 7-19　小葫芦提供的相关产品

🔨 **小贴士**：短视频的发展带动着短视频数据分析平台的高速发展，但平台良莠不齐，还需要运营者精心挑选适合自己账号的数据分析平台，以达到助力运营工作的目的。

课堂讨论： 以前有没有使用过短视频数据分析工具？选择一款短视频数据分析工具，深入了解其使用方法。

7.5　本章小结

在短视频运营中，数据分析这一环节是非常重要的，要去观察数据背后的现象，这样有利于我们对视频内容的调整，优化有一个指导性的作用。完成本章内容的学习之后，读者要能够理解短视频运营数据分析的作用和关键数据指标，并且能够通过数据分析工具对短视频运营数据进行分析。